U0933158

?

顾客行为心理学

文明德 / 编著

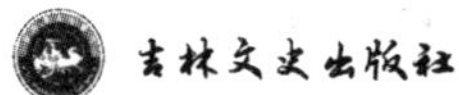

图书在版编目（CIP）数据

顾客行为心理学 / 文明德编著 . -- 长春 : 吉林文史出版社, 2018.8（2019.5 重印）

ISBN 978-7-5472-5149-2

Ⅰ. ①顾… Ⅱ. ①文… Ⅲ. ①消费心理学 Ⅳ. ① F713.55

中国版本图书馆 CIP 数据核字（2018）第 127795 号

顾客行为心理学
GUKEXINGWEIXINLIXUE

编　　著　文明德
责任编辑　张雅婷
封面设计　末末美书
插图绘制　刘美玉
出版发行　吉林文史出版社有限责任公司
地　　址　长春市福祉大路出版集团A座
电　　话　0431-81629353
网　　址　www.jlws.com.cn
印　　刷　天津一宸印刷有限公司
开　　本　880mm×1230mm　1/32 开
印　　张　8
字　　数　180 千
版　　次　2018 年 8 月第 1 版　2019 年 5 月第 2 次印刷
定　　价　36.80 元
书　　号　ISBN 978-7-5472-5149-2

前言

preface

销售是一场心理的考验，谁能够掌握顾客的心理，谁就能成为销售的王者！销售员不懂销售心理学，就犹如在茫茫的黑夜里行走，永远只能误打误撞。而优秀的销售员往往就像一位心理学家，最明白顾客的心声，善于了解顾客的真实想法，懂得运用积极有效的心理影响力，让顾客觉得如果不从他这里购买产品就会后悔。不管是潜移默化的影响、善意的引导、平等的交谈，还是巧妙的敦促，优秀的销售员总是能用自己的能力和魅力，为顾客搭建一个愉悦和谐的平台，让销售变得顺其自然。

为什么顾客会对你的产品产生兴趣，并最终做出购买产品的决定？在这个过程中，顾客的内心是怎么想的？为什么顾客会相信你这位陌生人，接纳你的建议？为什么顾客会被你说服，改变了自己先前的看法，进而做出有益于你的决定？为什么你的顾客会变成别人的顾客，这其中顾客会有一个怎样的心理变化过程……这些问题都是销售中要解决的心理问题。顾客所做出的任何购买行为都是由他的心理来决定的，如果你可以洞察并影响顾客心理的话，就可以引领顾客的行为朝你期望的方向前进，进而最终实现自己的销售目的。所以，每一位销售员要想让销售获得成功，就得研究顾客的心理，寻找顾客的心理突破点。

每一位顾客都会有自己的软肋，而这种软肋就是他们的心理突破点，销售员应该做的就是抓住他们的这些突破点。爱慕虚荣型的顾客需要你的赞美、节俭朴素型的顾客需要你给一点儿优惠、干练型的顾客怕啰唆、情感型的顾客需要你去感动他们……各种各样的顾客心理各不一样，你要做的就是针对不同类型的顾客采取不同的销售方法，从他们的心理突破点出发，你就能在销售中取得事半功倍的效果。

《顾客行为心理学》从消费者的心理分析、如何抓住消费者的心理需求、销售中的心理策略、销售员的自我心理修炼等方面深入浅出地对销售心理学做了缜密的逻辑分析和介绍，并汇集了大量相关的销售实战案例，旨在通过这些案例来揭示现实销售活动中的心理规律，让你能够轻松掌握并应对顾客的心理变化，赢得顾客的心理认同，提升你的销售业绩，成为销售高手。

了解销售心理学，洞察客户心理；学习销售心理学，提升销售技巧；掌握销售心理学，赢得客户青睐；善用销售心理学，增加成功机会。

目录

contents

第三章 察言观色识人心

——看懂客户行为背后的潜台词

第四章　销售是与顾客沟通的过程

——掌握顾客心理，逐步销售

第六章　销售不只是卖出去产品

——懂得与顾客保持良好沟通

第七章　方法总比困难多

——满足客户需求

第一章

萝卜青菜，必有所爱

——了解客户行为，读懂顾客心理

了解顾客购买动机

销售心理学一点通：要想懂得顾客为什么会购买，就必须充分认识顾客的购买动机。

购买动机是顾客的购买意愿和冲动。这种购买意愿和冲动是十分复杂、捉摸不透的心理活动。因此，销售者必须善于识别顾客的购买动机，以把握机遇促成交易。

动机是代表无法直观的内在力量的一种构成。这里所说的内在力量，是指某一项迫切的需求、愿望、需要或感情。这种内在力量也就是人们通常所说的动力。这种动力激发和强迫主体获得某一行为反应，并规定该反应的具体方向。

购买动机是指为了满足顾客需求而驱使或引导顾客向着已定的购买目标去实现或完成购买活动的一种内在动力。它是购买行为的直接出发点。需求与欲望是购买动机形成的基础，而购买动机则是购买行为发生的驱动力。

虽然顾客的购买动机是复杂多变的，但是经过长期的调查分析和理论研究，人们总结出一些典型的购买动机模式。

1. 生理性购买动机

生理性购买动机是指消费者为维持和延续生命、改善生活的需要所产生的购买动机。根据需要发展的不同层次，生理性购买动机可以分为以下三种：

（1）生存性购买动机。为了维持和延续生命，人们必须满足自身生理机体的一系列需要。在现实中，消费者的某些购买活动，很大程度上是受生存购买动机的支配。特别是在收入水平较低的人群中，其购买力一般都投向基本的生活资料，即首先满足生存的需要。如为了充饥，需要购买食品；为了御寒，需要购买服装；为了遮蔽风雨，需要住房；为了治病，需要购买药品。

（2）享受性购买动机。人们的基本生活需求得到满足后，就会进一步产生享受的需求。如饮食不仅为了充饥，还讲究营养和味道；服装不仅为了遮体，还要求合体与美观；房屋不仅为了栖身，还要求宽敞舒适。为了改善生活条件，人们购买了电视机、组合音响、空调等。为了减少家务劳动，增加闲暇时间，人们购买了洗衣机、电冰箱、微波炉、吸尘器等。

（3）发展性购买动机。指由于个体的发展需要而引起的购

买动机。人的发展需要，分为体力发展需要和智力发展需要两方面。在体力发展方面，为增强体质的需要，消费者购买体育用品及健身器材等。在智力发展方面，为提高智力水平，消费者购买书籍、订阅报刊、学习技术、进修外语等。

2. 心理性购买动机

心理性购买动机是指因消费者的心理活动而引起的购买动机。由于消费者心理活动的复杂性和多样性，导致心理性购买动机的多样化和繁杂化。我们将购买动机大致概括为以下三类：

（1）感性购买动机。指消费者在购买活动中由于感情变化而引起的购买动机。根据消费者感情的表现和稳定程度，可把感性购买动机分为情感购买动机和情绪购买动机两个类型。

①情感购买动机。即由人的道德观、群体感、美感等人类高级情感而引起的购买动机。例如，人们出于爱国而购买国产货、认购国库券；为了加深友谊而购买节日礼品；为了爱美而购买化妆用品等。情感购买动机通常既受情绪的影响，也受理智的支配和控制，所以具有相对的稳定性和深刻性，往往可以从购买活动中反映消费者的精神面貌。

②情绪购买动机。即由人的喜、怒、哀、欲、爱、恶、惧等情绪而引起的购买动机。例如，某人为了娱乐而买球票、戏票；儿童为了满足一时的乐趣而购买玩具；家庭主妇为了庆祝节日而买酒、肉等。情绪购买动机一般具有冲动性、即景性和不稳定性的特点，在购买日常生活用品和文娱体育用品时表现较多。

（2）理性购买动机。它是建立在人们对商品客观认识的基础上，经过对商品的质量、价格、用途、式样等进行分析、比较以后而产生的购买动机。例如，个体消费者为了改善生活而购买电冰箱、电视机等高档生活用品；企业为了生产而购买设备，为了解决供电不足而购买发电机。在理性购买动机驱使下的购买活动，比较注意商品的质量。理性购买动机具有客观性、实用性、周密性和控制性的特点，因此，工厂在购买生产资料及个人在购买高档生活消费品时，其购买行为都是在消费者经过周密研究或深思熟虑之后，才做出购买决定的。而生活上或娱乐上的一般消费商品，因价格低、用量少，无论个人或家庭一般都不会经过反复研讨而决定购买，往往由感性购买动机去驱使消费者完成此类购买活动。

（3）习惯购买动机。它是基于感情上与理智上的经验，对特定的商品、商标、牌号和商店等产生特殊的信任和偏爱，使消费者重复地、习惯性地前往购买的一种购买动机。

形成这一动机的原因是多方面的，是由于商品的质量优良、形状美观、声誉好、有特色；或者商店服务周到、陈设美观、商品丰富、价格公平、秩序良好、地点方便等；也可能是品牌地位权威等，在消费者的经验中屡经考验，从而树立了良好的形象所致。这种动机因顾客长期惠顾某一种商品或某一店铺而自然形成习惯，虽然在动机形成过程中感情色彩比较浓厚，但都是建立在理智分析比较的基础上的。因此，这种动机的心理活动相对稳定，一般不太容易受别的购买行为影响而改变动机。而且，此类顾客不但自己经常光顾，对潜在的顾客有很大的宣传和影响作用，甚至在店铺的商品或服务出现某些差错时，也能给予充分的谅解。一个店铺能否在消费者中广泛激起习惯购买动机是店铺经营成败的关键，对此，店铺要高度重视。

3. 社会模式和个人模式

社会模式是指由社会因素引起的购买动机，主要受社会文化、社会风俗、社会阶层及参照群体等因素的影响，由社交、归属、成就、尊重等需要引起。

个人模式是指由个人因素引起消费者不同的个体化的购买动机，主要受性别、年龄、气质、兴趣、爱好、修养、文化、能力等因素的影响。

影响购买行为的个人因素

销售心理学一点通：不同的人有着不同的消费心理，相应会做出不同的消费决策。

营销大师科特勒指出，世界各地的消费者在年龄、收入、教育水平、品位方面差异巨大，这些造成了消费者购买产品和服务的差别。消费者的购买决策受到若干个人因素的影响。这些个人因素包括学习、动机、生活方式、态度和感觉等。

1. 学习

人们从行动中学习，学习是指个人由于经验而改变其行为。学习理论家认为学习是经由驱动力、刺激、暗示、反应和强化之相互作用而产生。

譬如，张三有一种强烈的驱动力，所谓“驱动力”是指促使一个人采取行动之强大内在刺激，当此驱动力导致张三去追求某一可减弱驱动力的“刺激物”时，它就成为一种动机。

然而，张三对购买汽车这个想法的反应，也受其周围暗示的影响，“暗示”是较微弱的刺激，它决定消费者何时、何地及如何反应。看到汽车的电视广告和展示场中的汽车、听到汽车大减价的消息，以及朋友的鼓励，都是影响张三对购买汽车这个动机如何反应的暗示。

假如张三买了丰田汽车，而且事后证明是值得的，则他对丰田汽车的反应就获得了强化，以后再买丰田汽车或建议亲友买丰田汽车的可能性就愈大。

2. 动机

一个人在任何时刻都有许多需要，其中某些需要是生理的需要，这些是由于饥饿、口渴以及其他不适所引起的生理紧张状态；另外一些是心理的需要，这些是由于需要被肯定、受尊敬或归属感等所引起的心理紧张状态。当上述的需要达到某一足够的强度后，即可变成一种动机或驱动力。

动机是一种被刺激的需要，它足以促使一个人采取行动以满足其需要。需要满足之后，人的紧张状态即可解除。消费者的购买行为常受其动机所左右。张三为什么想买一部汽车？他想追求的是什么？他想满足何种需要？这些都是营销人员要设法去了解的。

3. 生活方式

生活方式包括使用时间和花费金钱的方式。一个人的生活通常通过他的活动、兴趣和意见来表达。即使人们来自相同的亚文化、社会阶层或职业群体，也可能有不同的生活方式。譬如，张三可以选择努力工作追求成就的生活方式，也可以选择游山玩水、悠闲自在的生活方式。假如他选择了悠闲自在的生活方式，他可能会腾出许多时间去观赏电影、逛街或到各地旅游观光。营销人员应设法了解消费者的生活方式。

4. 态度

通过态度研究，人们希望能够更好地预测消费者的行为，但这常常是徒劳的。首先，消费者所声称的意向常常靠不住。其次，从行为的倾向开始，有许多因素能够改变消费者，如一则广告传闻或与家人或朋友的一次谈论。这些难以预测的因素使得态度——哪怕它是有利于倾向指定产品的测量——仅仅是一个不完善的消费者行为预言家。

态度的测量常常过于忽略行为面。因为人们研究态度一般考虑的是态度的认识面（消费者对产品了解多少）和情感面（消费者对产品怎么想），而经常遗忘了测量意动面（消费者为了获得或避免该产品会打算怎么做）。

5. 感觉

感觉是指人利用眼、耳、鼻、舌、身等感觉器官，接受物体的色、香、味、形等刺激而引起的内在反应。感觉是消费者是否决定购买的第一要素。因此，企业应该把商品的外观、色泽等充分展示给消费者，加强其感觉，从而更好地刺激需求，以激发消费者的购买行为。

具体购买行为的影响因素

销售心理学一点通：任何购买行为绝不是偶然的，其背后隐藏着丰富的支持或干扰因素。

顾客具体购买行为主要包括购买对象、购买理由、购买方式、购买地点、购买时间和购买频率等六种行为。由于每种购买行为的具体内容不同，其影响因素也不同：

1. 购买对象

购买对象是指顾客在众多的商品之中选择所要购买的具体商品品种和数量。其影响因素主要有：商品品牌、型号、款式、颜色、包装等产品自身因素；市场行情、价格、售前服务、售后服务等营销因素。

2. 购买理由

购买理由是指顾客为什么要购买这种商品，引发购买决策的需要和动机是什么。其影响因素包括：个人或家庭的生活、学习、工作、兴趣、爱好等各种内在需要；收入增加、商品价格变化、群体压力、上门推销、广告刺激等外在因素。

3. 购买方式

购买方式是指顾客在购买商品时是自己购买或托人购买；商店购买或邮购、电话订购或送货上门；现金购买或使用信用卡；一次性付款或分期付款；其影响因素主要有：个人购买习惯；销售商提供的购买方式的可选择性；方便程度；可靠程度；所耗时间长短等。

4. 购买地点

购买地点是指顾客到哪里购买自己所要买的商品；惠顾什么样规模、性质和特点的店铺；其影响因素主要有：居住地点区域；交通状况；商业网点的分布；店铺的信誉；服务质量；服务方式；购物环境等。

5. 购买时间

购买时间是指顾客具体的购买时间选择，白天或晚上，平时或周末，节假日，季节转换前后，换季大减价期间。其影响因素包括：生活习惯；购物习惯；上下班及休息时间安排；商品本身的季节性和时令性等。

6. 购买频率

购买频率是指顾客多长时间购买一次；每次购买多少。其影响因素包括：商品的寿命、使用周期；消费强度和频率；家庭结构；收入水平；商品更新换代速度等。

顾客很看重精神需要

销售心理学一点通：消费者并不是仅限于对产品本身的满足，还有消费之后所带来的精神愉悦和心理的满足感。

根据马斯洛的需要层次理论，消费者的需要从生理需要向精神需要发展。对于越高层次需要的满足，消费者越愿意支付较高的费用。为此，企业必须采取相应的市场营销策略：通过市场自我细分、产品象征定位、产品设计与劝说性广告赋予相同成本产品更多的附加值，从而为企业带来更多的经济效益。

星巴克的扩张速度让《财富》《福布斯》等顶级刊物津津乐

道，仅仅20余年时间，就从小作坊变成在37个国家有11000多家连锁店的企业。

星巴克创始人舒尔茨认为星巴克的产品除了咖啡，还有咖啡店的体验。于是，他在美国推行了一种全新的“咖啡生活”：“顾客心中第一个是家，第二个是办公室，而星巴克则介于两者之间。在这里待着，让人感到舒适、安全和家的温馨。”

“舒适、安全和家的温馨”满足的就是顾客的精神需求。星巴克的每个小店都有令人放松的气氛：时尚且雅致，豪华而亲切。进入星巴克，你会感受到空中回旋的音乐在激荡你的心魄。店内经常播放一些爵士乐、美国乡村音乐以及钢琴独奏等。这些正好迎合了那些时尚、新潮、追求前卫的白领阶层。他们天天承受着巨大的生存压力，十分需要精神安慰，这样的音乐正好起到了这种作用。

无论是煮咖啡时的嘶嘶声，将咖啡粉末从过滤器敲击下来时发出的啪啪声，用金属勺子铲出咖啡豆时发出的沙沙声，都是顾客熟悉的、感到舒服的声音，都烘托出一种“星巴克格调”。

听觉享受之外，还有嗅觉享受。人们每次光顾咖啡店都能得到精神上的放松或情感上的愉悦，有相当多的顾客一月之内十多次光顾咖啡店，这是星巴克具有吸引力的最好证明。

一个优秀的销售人员必须注重顾客的精神需求，从而提升产品或服务的价值。很多销售人员在向顾客推荐产品时，自以为只要有毅力坚持下去，就可以获得成交。然而，销售人员的毅力和坚持却常常引起顾客的不耐烦，甚至把对方吓跑。真正聪明的销售员，会在探清顾客的实际需求之后，再采取相应的策略进行销售。除了品牌、质量、价位等因素，现在的很多顾客也非常重视精神上的满足感。比如下文中的娅娅就是这样的典型顾客。

娅娅无意间看到了一则高级美容店的广告，被广告的内容吸引了，便按地址找到了那家美容店。没想到，那个美容店居然坐落于某商业区最贵的地段。娅娅进入门店之后，发现内部装修非常讲究品位，地上铺着柔软舒适的绒毯，所有的家具都是北欧制作的高级品。

看到眼前的这番情况，娅娅暗自下了决心，在美容小姐的引导下，娅娅接受了美容护肤服务。虽然娅娅感觉这家店的美容效果和别的店并没有多大的差别，但是这家店向娅娅索要的费用要比一般的美容店高出一大截。虽然钱包大出血，但因为在高级美容店享受到了一流的美容服务，娅娅感到相当满足。仅仅因为这个理由，娅娅至今仍然时常光顾那家美容店。

很多客户进入美容院，真正期待美容师所带给他们的，并不单单是“容貌”的改善，还有消费之后所带来的精神愉悦和心理的满足感。随着经济的发展，人们已经开始意识到精神方面的需要，迫切希望能够在这方面有所补偿。针对客户的这种心理需求，我们销售员要采取各种策略来满足，以获得销售的成功及高利润、高提成。

爱占便宜的消费心理

销售心理学一点通：爱占便宜追求的是一种心理满足，每个人都具有这种倾向。

每到节假日或特殊的日子，商场、超市等各大卖场都会不约而同地打出打折促销的旗号，以吸引更多的客户前来消费，而折扣越低的店面前面，人也就越多。很多人明明知道这是商家的一种促销手段，但依然争先恐后雀跃前往，以求买到比平时便宜的商品，这是为什么？

爱占便宜！爱占便宜是人们比较常见的一种心理倾向，在日常生活中，物美价廉永远是大多数客户追求的目标，很少能听到有人说“我就是喜欢花更多的钱买同样多的东西”，用少量的钱买更多更好的商品才是大多数人的消费态度。

我们不妨看一个案例：

一位顾客在逛超市时发现一个让他百思不得其解的现象，某知名品牌正在促销洗衣粉，然而一袋500克洗衣粉的价格是7.9元，而两袋的价格却是17元。也就说，顾客一次买两袋还没有买一袋划算。他以为自己看错了，就叫来销售人员询问，销售员明确无误地告诉他，这是不会出错的，全国都一样。

通过和其他品牌洗衣粉价格进行比较，这位顾客判定，一袋的价格是标错了，价格肯定是大于8.5元的，他立即决定买了一袋回家。他相信，用不了多久，单袋的价格就会调整。

回到家后他将自己在超市看到的奇怪现象告诉了左邻右舍，大家都纷纷前来超市观看，也一致认同这位顾客的判断：单袋的价格肯定会提高，要不那两袋捆绑在一起的怎么能是促销呢？他们在离开超市时都各自买了一袋洗衣粉回家，有的人甚至买了几袋。

过了一周，价格依然没被改正过来。最早发现这个现象的那位顾客开始怀疑自己当初的判断：作为全国知名品牌，肯定是有着严格的价格管理制度的，这么长时间过去了，还没调整过来，那只能说明自己的判断是有问题的，也许这个价格的背后隐藏有其他原因。

他花了一天的时间来观察这个洗衣粉的销售，前来购买的人络绎不绝，大家都认为这是标错的价格，现在购买一袋是占了便宜的。这下让他彻底明白：原来企业就是要让顾客产生占便宜心理，最终使销售量得到增长。

所以，面对这类客户，销售员可以利用这种占便宜的心理，通过一些方式让客户感觉自己占到了很大的便宜，从而心甘情愿地掏钱购买。

对于爱占便宜型的顾客，只有善加利用其占便宜心理，如使用价格的悬殊对比或者数量对比进行销售。利用价格的悬殊差距虽然能对销售结果起到很好的效果，但在使用的过程中一定要牢记一点：销售的原则一定是能够帮助到客户，满足客户对产品的需求。做到既要满足客户的心理，又要确保客户得到实实在在的实惠。这样才能避免客户在知道真相后的气愤和反效果，保持和客户长久的合作关系，实现双赢结果。

让顾客感觉物超所值

销售心理学一点通：当顾客对某一产品感觉物超所值时，就会较为容易地做出购买决定。

市场竞争越来越激烈，消费者对商品越来越挑剔苛刻，往往货比三家、千挑百拣。商家若不下足力气，很难留住消费者的心。在消费者的购买行为中，促使消费者做出购买决定并不完全

是因为产品本身的价值，消费者感觉价值的判定是消费者是否购买的重要依据。当顾客对某一产品感觉物超所值时，就会较为容易地做出购买决定。

某软件公司销售人员向北京一家贸易公司财务部部长推销一款财务软件。这款软件定价为 3600 元，部长觉得价格有点儿高，一直为是否购买而犹豫不决。

看到这种情况，销售人员决定为这位部长算一笔账。他问部长："部长，对账费时间么？不知道您这边是经常需要对账呢，还是偶尔才需要对一次账呢？"

部长表示，由于这家贸易公司是大型卖场和厂商的中间商，需要在财务上每天和卖场及厂商进行核账。一天起码有 3 个小时的时间是用在核账上面。部长对此很苦恼。

于是销售人员就趁机说："我们这款软件的授权使用时间是 10 年，平均下来每天的成本才一元钱。而这一元钱对公司来说，可以忽略不计，而对您的意义可就大为不同。它等于让您每天空出三个小时的时间。您觉得值不值？"

部长肯定觉得值，等到销售人员刚把话说完，他就立即决定购买一套。

让顾客感觉物超所值，牵涉到一个重要概念：顾客价值。顾客价值是从消费者的感官为出发点的概念，它是指顾客从购买的产品或服务中所获得的全部感知利益与为获得该产品或服务所付出的全部感知成本之间的对比。如果感知利益等于感知成本，则是“物有所值”；如果感知利益高于感知成本，则是“物超所值”；如果感知利益低于感知成本，则是“物有不值”。

从销售技巧上来看，销售人员最后使客户欣然接受了这款软件的价格，是因为巧妙运用了“除法原则”。销售人员将 3600 元的财务软件，最后分解为每天的成本才一元钱，使客户在心理上觉得价格足够便宜。但从消费者心理学上来看，销售人员的销售技巧使部长产生了一种物超所值的感觉。花一元钱就能换来三个小时的空闲时间，天底下哪还有这么超值的事？

营销大师科特勒教授曾经说：“除了满足顾客以外，企业还要取悦他们。”随着营销服务的快速发展，以往的“顾客满意”已经不能得到消费者的青睐。要想使产品畅销，使企业永远处于不败之地，应该更为关心顾客是否感动。因为顾客是企业产品和服务的最终购买者，他们的感知对于企业来说就是一切。无论产品或服务实际情况如何，只要顾客感觉好就是好。所以，从顾客价值的角度出发，如果顾客感到一个企业的产品价值高，那么这个企业的产品就有竞争力。为了保持长久的市场竞争力，就要尊重和引导顾客的心理感受。

优秀的销售人员一定要在顾客价值上多做文章，通过抓住让消费者“心动”的关键点，使消费者在心理上产生物超所值的愉悦感和满足感，从而使企业获得销售机会。

第二章

他山之石，可以攻玉

——不可不知的 7 个心理学效应

首因效应：建立有利的第一印象

销售心理学一点通：第一印象是非常重要的，一定要注意保持一种良好的第一印象。

西方有句谚语："你没有第二个机会留下美好的第一印象。"爱默生曾经说："你说得太大声了，以至于我根本听不见你在说什么。"换句话说，你的外表、声音、风度、态度和举止所传达的印象有助于使准客户在心目中勾勒出一幅反映你的本质性格的画面。

当你出现在你的准客户面前时，他们看到的是一个什么类型的人呢？他们在刹那间捕捉了一系列你的图像或快照，然后，他们将其中最重要的一些储存进自己的意识中。

有些人认为，在面谈的头 10 秒钟内就决定了这次谈话是会成功的还是将破裂。可能真是这样，我们确实根据在与一个人见面的头几秒钟内所得到的印象，快速做出对他的判断。如果这些判断是不利的，那么所有的销售都不得不首先克服这位专业推销人员在准客户心中留下的糟糕印象。另一方面，一个有利的印象肯定可以帮助做出销售，而且也不需要硬着头皮、费力地抗争准客户心中对你形成的不利的第一印象。

一位经验丰富的经理说："有一天，一个人来拜访我。他穿得就像一部著名的老剧《上午之后》中的一个角色。他开始做一个好得非同寻常的销售推介，但我老是走神。我看着他的鞋子、裤子，然后再把目光扫过他的衬衫和领带。大部分时间里我都在想，如果这位专业推销人员说的都是真的，那他为什么穿得如此落魄呢？

“他告诉我他手中有很多订单，他有许多客户，他们也购买了大量的这种产品。但他的个人外表致命地显示他说的话不是真的。我最后没有购买，因为我对他的陈述没有信心。”

专业推销人员必须给客户创造出一种好印象，因此必须有成功的外观、成功的谈吐和成功的姿态。这有助于将销售面谈成功地进行下去。

第一印象是非常重要的，一定要注意保持一种良好的第一印象。客户对你的第一印象是依据外表：你的眼神、面部表情，等等。一个人的外貌对于他本身有影响，穿着得体就会给人以良好的印象，它等于在告诉大家：“这是一个重要的人物，聪明、成功、可靠。大家可以尊敬、仰慕、信赖他。他自重，我们也应尊重他。”

只有在对方认同并接受你的时候，你才能顺利进入对方的世界，并游刃有余地与对方交往，从而把自己的事情办成和办好，而这一切的获得在很大程度上与你的外在打扮有关。

大凡给对方留下了好印象

的人都善于交往，善于合作。而一个人的仪表是给对方留下好印象的基本要素之一。试想，一个衣冠不整、邋邋遢遢的人和一个装束典雅、整洁利落的人在其他条件差不多的情况下，同去办同样的事，恐怕前者很可能受到冷落，而后者更容易得到善待。特别是到陌生的地方办事，怎样给别人留下美好的第一印象更为重要。好的仪表在心理上和气氛上增强了自己的信心。着装艺术不仅给人以好感，同时还直接反映出一个人的修养、气质与情操，它往往能在尚未认识你或你的才华之前，向别人透露出你是一位有内涵的人，因此在这方面稍下一点儿功夫，就会事半功倍。

别人对你的第一印象，往往是从服饰和仪表上得来的，因为衣着往往可以表现一个人的身份和个性。毕竟，要对方了解你的内在美，需要长久的过程，而仪表能一目了然。

办事的顺利与否，第一印象至关重要，不讲究仪表就是自己给自己打了折扣，自己给自己设置了成功的障碍，不讲究仪表就是人为地给要办的事情增加了难度。

关怀效应：重视每一个客户

销售心理学一点通：真诚的关心可感化一切，即使是一个毫无希望的无期徒刑犯，照样会被它所感动。

关心你的客户，重视你身边的每一个人，不要以貌取人，平等地对待你的客户，是成功推销员的选择。这也是原一平迈向推销之神的第一步。

一位心理学家曾说："为了世界上许多伤天害理的事，我们每一个人的心灵都包扎了绷带。所有的问题都能用关心来解决。"这句话给关心下了一个最好的注脚。原一平对此深有体会，在一次讲学时，他讲了下面一个故事。

有一个杀人犯，被判无期徒刑，关在监狱里。因为他被判无期，而且无父母、妻子、儿女，既无人探监也无任何希望，在狱中独来独往，不与任何人打招呼。再加上他健壮又凶恶，也没有人敢惹他。

有一天，一个神父带了糖果与香烟来狱中慰问犯人。神父碰见那位无期徒刑犯，递给他一根香烟，犯人毫不理睬。神父每周来慰问，每次都给他香烟，杀人犯无反应，如此延续了半年之后，犯人才接下香烟，不过还是面无表情。

一年后，有一次神父除了带糖果与香烟，另外带了一箱可乐。抵达监狱后，神父才发现忘了带开瓶器，正在一筹莫展时，那个犯

人出现了。他知道神父的困难后，笑着对神父说："一切看我的。"接着，就用他的牙齿把一箱的可乐都打开了。

从那一次之后，犯人不但跟神父有说有笑，而且神父在慰问犯人时，他自动随侍于左右，以保护神父。

这个故事告诉我们：真诚的关心可感化一切，即使是一个毫无希望的无期徒刑犯，照样会被它所感动。一个不幸的人，一旦发觉有人关心他，往往能以加倍的关心回报对方。

戴尔·卡耐基说："时时真诚地去关心别人，你在两个月内所交到的朋友，远比只想别人来关心他的人在两年内所交的朋友还多。"那些不关心别人，只盼望别人来关心自己的人，应时刻拿这句话告诫自己。

某汽车公司的推销员听完原一平的讲座以后，每次在成交之后，客户取货之前，通常都要花上 3 ~ 5 个小时详尽地演示汽车的操作。这个推销员这样说："我曾看见有些推销员只是递给新客户一本用户手册说：'拿去自己看看。'在我所遇见的人中，很少有人能够仅靠一本手册就能搞懂如何操作一辆这样的游艺车。我们希望客户能最大限度地满意我们的关心，因为我们不仅期望他们自己回头再买，而且期望他们介绍一些朋友来买车。一位优秀的推销员会对客户说：'我的电话全天 24 小时都欢迎您拨打，如果有什么问题，请给我的办公室或家里打电话，我随时恭候。'我们都精通我们的产品，一旦客户有问题，我们一般通过电话就能解决，实在不行，还可以联系别人帮忙"。

存异效应：尊重客户的意见

销售心理学一点通：有多少种人就会有多少种观点，我们没有资格去要求他人的看法与我们步调一致，尊重客户的意见，不仅能为我们赢得客户的尊重，同时也是好修养的体现。

拜访客户或平时交往时，谈论到一些话题常常会发生意见分歧，尤其是针对产品本身的性能、外观等。遇到这样的情况我们该如何应对呢？是凭借我们的专业知识驳倒客户，还是一味地迁就顺从他们？恐怕都不是最佳解决办法。

克洛里是纽约泰勒木材公司的销售人员。他承认，多年来，他总是尖刻地指责那些大发脾气的木材检验人员的错误，他也赢得了辩论，可这一点儿好处也没有。因为那些检验人员和“棒球裁判”一样，一旦判决下去，他们绝不肯更改。

克洛里虽然在口舌上获胜，却使公司损失了成千上万的金钱。他决定改变这种习惯。他说：“有一天早上，我办公室的电话响了。一位愤怒的主顾在电话那头抱怨我们运去的一车木材完全不符合他们的要求。他的公司已经下令停止卸货，请我们立刻把木材运回来。在木材卸下25%后，他们的木材检验员报告说，55%的木材不合规格。在这种情况下，他们拒绝接受。

“挂了电话，我立刻去对方的工厂。途中，我一直思考着一个解决问题的最佳办法。通常，在那种情形下，我会以我的工作

经验和知识来说服检验员。然而，我又想，还是把在课堂上学到的为人处世原则运用一番看看。

“到了工厂，我见购料主任和检验员正闷闷不乐，一副等着抬杠的姿态。我走到卸货的卡车前面，要他们继续卸货，让我看看木材的情况。我请检验员继续把不合格的木料挑出来，把合格的木料放到另一堆。

“看了一会儿，我才知道是他们的检查太严格了，而且把检验规格也搞错了。那批木材是白松，虽然我知道那位检验员对硬木的知识很丰富，但检验白松却不够格，而白松碰巧是我最内行的。我能以此来指责对方检验员评定白松等级的方式吗？不行，绝对不能！我继续观看，慢慢地开始问他某些木料不合格的理由是什么，我一点儿也没有暗示他检查错了。我强调，我请教他是希望以后送货时，能确实满足他们公司的要求。

“以一种非常友好而合作的语气请教，并且坚持把他们不满意的部分挑出来，使他们感到高兴。于是，我们之间剑拔弩张的气氛消散了。偶尔，我小心地提问几句，让他自己觉得有些不能接受的木料可能是合格的，但是，我非常小心不让他认为我是有意为难他。

“他的整个态度渐渐地改变了。他最后向我承认，他对白松的检验经验不多，而且问我有关白松木板的问题。我对他解释为什么那些白松木板都是合格的，但是我仍然坚持：如果他们认为不合格，我们不要他收下。他终于到了每挑出一块不合格的木材就有一种罪恶感的地步。最后他终于明白，错误在于他们自己没有指明他们所需要的是什么等级的木材。

“结果，在我走之后，他把卸下的木料又重新检验一遍，全部接受了，于是我们收到了一张全额支票。

“就这件事来说，讲究一点儿技巧，尽量控制自己对别人的指责，尊重别人的意见，就可以使我们的公司减少损失，而我们所获得的良好关系，是非金钱所能衡量的。”

尊重客户的意见并不是要抹杀我们的观点与个性，而是指对方陈述其意见时切勿急于打击、驳倒。礼貌地尊重胜过激烈的雄辩。有多少种人就会有多少种观点，我们没有资格去要求他人的看法与我们步调一致，尊重客户的意见，不仅能为我们赢得客户的尊重，同时也是好修养的体现。

我们有什么理由不接纳他人的不同意见呢？而且有时因为我们的激烈辩驳，常引发客户强烈的逆反心理与厌恶心理，眼看着能成功的合作也会因此而搁浅。多一份包容心，多一点尊重，最终获益的总是我们自己。

原一平说：“你应当记住：关心，关心，再关心。”

权威效应：以精确数据说服客户

销售心理学一点通：用精确的数据来打消客户的疑虑，可以增强客户对产品的信赖。

在与客户沟通的过程中，你是否经常会为这样的问题产生苦恼：自己已经将产品的基本信息传达给了客户，而且没有一丝虚伪和夸张，可是客户看上去仍然不相信自己。客户到底在担心什么呢？不要说销售人员难以理解，就连客户自己可能都不太清楚。

面对难以理解的客户质疑，有时，即使销售人员反复强调产品的种种优势都无济于事。这时，建议你可以考虑运用精确的数据来打消客户的疑虑，你将会惊奇地发现运用精确具体的数据等信息说明问题，可以增强客户对产品的信赖。例如，你可以对客户这样说，“试验证明，我们公司的产品可以连续使用5万个小时而无质量问题”，“这种品牌的电器在全国21个市级以上地区的销量都已经超过了160万台”，“的确，儿童食品尤其要讲究卫生，我们公司生产的所有儿童食品都经过了12道操作严格的工序。另外，在质量监督机构检查以前，我们公司已经进行过5次内部卫生检查”。

现在，很多商家都意识到了这种方法在销售中的巨大作用，所以各大商家在广告宣传中也引用了精确的数据说明。例如某日用化妆品公司某些产品的广告宣传：

××浴液：“经过连续28天的使用，您的肌肤可以白嫩光滑、富有弹性。”

××洗发水：“可以经得住连续7天的考验。”

××牙膏：“只需要14天，你的牙齿就可以光亮洁白。”

随着市场经济的进一步深入发展，现在的客户沟通中，“拿出证据来”已经越来越被人们重视了，因为证据是最能让别人相信的。

国外一家著名管理咨询公司的资深顾问刘易斯就是一位善于运用数字销售策略的典范。

有一天，刘易斯在推销厨房用的节燃成套厨具时遇到一个被称为“老顽固”的老人，那个“老顽固”当时就直接告诉刘易斯，即使刘易斯的炊具再好他也不会买。

于是第二天刘易斯又专门去拜访了这个“老顽固”。当他见到这位“老顽固”时，便从身上掏出一张1美元的钞票撕了，撕完之后问这位“老顽固”是否心疼。老人说：“你把1美元白白地撕掉，我怎么不心疼呢？”接着他又掏出一张20美元的钞票撕了，撕完之后没舍得扔掉，装进了自己的口袋，然后问：“你还心疼吗？”老人说：“我不心疼，那是你的钱，如果你愿意你就撕吧！”

刘易斯立即说了一句让老人摸不着头脑的话，他说：“我撕的不是我的钱，而是你的钱呀。”老人感觉到很奇怪，问道：“你撕的怎么是我的钱呢？”这时刘易斯从身上掏出一个本子，在上面边写边说道：“你昨天告诉我你家里一共6口人，如果用我的厨具，每一天你可以节燃1美元钱，是不是？”老人说：“是的！但那有什么关系呢？”

刘易斯继续说：“我们不说一天节约1美元，就按每天0.5美元来计算。一年有365天，我们就按360天计算。你告诉我你已经结婚23年了，就按20年计算吧。这就是说在过去的20年里你没有用我的厨具，这样你就白白浪费了3600美元，难道你还想在未来的20年里再撕掉3600美元吗？”

听到这么惊人的数字后，这个“老顽固”便毫不犹豫地买下了刘易斯的厨具。

采用数据和客户沟通的确能收到事半功倍的效果，但是满足准客户的销售重点是不尽相同的，因此，你必须针对所售商品的销售重点，找出证明它是事实上的最好方法。

证明的方法有很多，下面几种方法可供你参考：

1. 实物展示

实物是最好的一种证明方式，商品本身的销售重点，都可透过实物展示得到证明。

2. 利用权威机构的证明

权威机构的证明自然更具权威性，其影响力也非同一般。当客户对产品的质量或其他问题存有疑虑时，销售人员可以利用这种方式来打消客户的疑虑。例如：“本产品经过××协会的严格认证，在经过了连续 9 个月的调查之后，×× 协会认为我们公司的产品完全符合国家标准。”

3. 专家的证言

你可收集专家发表的言论，证明自己的说辞。

4. 客户的感谢信

有些客户由于对你公司的服务或帮助客户解决特殊的问题深表感谢，而致函表达谢意，这些感谢信都是一种有效证明公司实力和服务的方式。

另外，在与客户的沟通中还应注意，很多数据都是随时间和环境的改变不断发生变化的，比如产品销量和使用期限等。为此，你一定要准确把握数据变化，力求给客户提供最准确、最可靠的信息，就像一些非常知名的推销人员所相信的那样：如果能用小数点以后的两位数字说明问题，那就尽可能不要用整数；如果能用精确的数字说明情况，那就最好不要用一个模糊的数字来应付别人。

从众效应：顾客喜欢随大流

销售心理学一点通：“牧群理论”的微妙之处，他提供给客户心理上的安全感，并促使他们做出最后决策。

动物中常常存在这样一种现象：大量的羊群总是倾向于朝同一个方向走动，单只的羊也习惯于加入羊群队伍并随着其运动的方向而运动。这一现象被动物学家称为“羊群效应”。心理学家发现，在人类社会中，也存在着这种羊群效应。

心理学家通常把“羊群效应”解释为人们的“从众心理”。“从众”，指个人受到外界人群行为的影响，而在自己的知觉、判断、认识上表现出符合于公众舆论或多数人的行为方式。每个生活在社会中的人都在设法寻求着“群体趋同”的安全感，因而也会或多或少地受到周围人倾向或态度的影响。大多数情况下，我们认为，多数人的意见往往是对的。

顾客“从众心理”的存在给了商家营销的机会。最典型的就是广告的效应，商家通过广告不断地向消费者传递诸如“××明星也用我们的产品”“今年的流行是我们引领的”，或者是更直白的“送礼只送×××”之类的广告信息，让消费者觉得所有人都在用我们的产品。

客户在其消费过程中，如果对自身的购买决策没有把握时，会习惯性地参照周围人的意见。通过了解他人的某种定向趋势，为自己带来决策的安全感，认为自己的决策可以避免他人的失败教训，从他人的成功经验中获益。

让客户感觉到他“周围的每个人”都存在某种趋势是销售中一个非常有效的技巧。“牧群理论”为我们带来的就是这样一种全新的说服技巧。销售员在与客户交流的过程中应当设法让客户了解他周围的人都存在着某种趋势，并询问客户“你知道这是为什么吗”，从而有效地利用“群体趋同”产生的能量建立自己的可信度。

另外，“牧群理论”还被证明能够有效地激起客户的好奇心，促使他们想要知道更多。如果听说你的产品或服务在市场上产生了极大的影响，客户怎么会不想了解详情呢？

著有《提问销售法》的托马斯·福瑞斯可以说是将“牧群理论”在销售中运用得得心应手的前辈和典范。

1990年，时任KW公司堪萨斯城地区销售经理的托马斯·福瑞斯需要开办一场关于公司CASE工具的研讨会。在尝试各种传统的拜访程序受阻后，福瑞斯想到了“牧群理论”：如果整个牧群的大部分都倾向于KW公司的CASE工具，其他客户一定也会想要了解究竟。

于是福瑞斯改变了策略，他不再乞求客户参加会议，而是让他们知道其他人都会去，并希望他们不会被遗漏在外。

福瑞斯与接电话的客户这样说道：“您好，客户先生。我叫托马斯·福瑞斯，是KW公司在堪萨斯城的地区经理。今天我很荣幸通知您，我公司将在8月26日在IBM的地区总部召开CASE应用程序开发研讨会，还记得我们给您发过的请柬吗？

“这次出席我们研讨会的有百事可乐公司、美国运通公司、万事达公司、联邦储备银行、堪萨斯城电力公司、西北寿险公司等公司的研发经理。当然，这些只是名单中的一小部分。坦率地说，我想这次会议的参加人数可能是破纪录的，将会超过100人。我打这个电话是因为我们还没有收到贵公司的同意回复函，我需要确定您不会被遗漏在外。”

毫无意外，福瑞斯的这次研讨会最终取得了“破纪录”的成功。虽然大多数同意前来的客户都是因为“其他人”也会来，但事实上，当他们来的时候，“其他人”也的确都来了。

在我们的销售过程中，“牧群理论”是一个非常有力的技巧，它可以帮助你建立信用度，同时激发客户的兴趣。当你对你的客户说“我只是想确定您不会被遗漏在外”的时候，他一定会好奇自己可能错过什么东西，并且会主动询问进一步的情况。这就是“牧群理论”的微妙之处，它提供给客户心理上的安全感，并促使他们做出最后决策。

我们应当理解这一点，顾客在对于可能发生的交易有可能存在顾虑，尤其是做出重大决定的时候更是如此。而这正是“牧群理论”的价值所在，你因此能够通过激发客户的好奇心，处理异议，告诉客户为什么你的产品或服务是最好的。还有就是当潜在客户有购买的意愿，但嫌价格贵时，使用这种方法也非常有效。

销售员：“刘总，您好！”

客户：“小汪，我上回看中的那辆尼桑，还没有谁付订金吧？”

销售员：“哦，那个车，客户来了都要看上几眼，好车嘛。但一般人哪买得起，这不，它还等着刘总您呢。”

客户：“我确实中意这辆车，你看价格上能否再优惠些，或者我是否有必要换一辆价位低一点儿的？”

（小汪知道，换车，只是刘总讨价还价的潜台词。）

销售员："价格是高了一点儿，但物有所值，它确实不同一般，刘总您可是做大生意的人，配得上！开上它，多做成两笔生意，不就成了嘛。"

客户："你们做销售的呀，嘴上都跟抹了蜜似的。"

销售员："刘总，您可是把我们夸得太离谱了呀。哦，对了，刘总，××贸易公司的林总裁您认识吗？半年前他也在这儿买了一辆跟您一模一样的车，真是英雄所见略同呀。"

客户："哦，林总，大家谁人不知啊，只是我这样的小辈还无缘和他打上交道。他买的真是这种车？"

销售员："是真的。林总挑的是黑色的，刘总您看要哪种颜色？"

客户："就上回那辆红色吧，看上去很有活力，我下午去提车。"

小汪先是赞美客户，获得客户的好感，为最后的成交奠定基础；然后，使出"撒手锏"："对了，刘总，××贸易公司的林总裁您认识吗？半年前他也在这儿买了一辆跟您一模一样的车，真是英雄所见略同呀。"看似不经意的一句话，其实是充分利用了潜在客户的从众心理，通过他人认同影响潜在客户，促使潜在客户做出购买决定。

聪明的销售员应该知道，你的销售并不是一味地劝说客户购买你的产品，而是让潜在客户了解，你的其他大多数客户做出最后决策之前都面临过与他们相似的问题。而你要做的是与你的客户分享其他客户成功的经验，从而消除客户的逆反心理，自然，你的产品就不愁没有销路了。

剧场效应：将消费者带入剧情之中

销售心理学一点通：通过感性思维的形式有步骤地建立起一种氛围，在一种虚化的催眠感觉中，让客户采取决策步骤。

某家公司经销一种新产品：适用于机器设备、建筑物清洗的洁神牌清洗剂。老板布置任务后，大家纷纷带着样品去拜访顾客。

依照过去的经验，销售员向顾客推销新产品时最大的障碍是：顾客对新产品的性能、特色不了解，因而不会轻易相信销售员的解说。但销售员赵中却有自己的一套办法。

他前去拜访一家商务中心大楼的管理负责人，对那位负责人说："您是这座大楼的管理负责人，您一定会对既经济效果又好的清洗剂感兴趣吧。就贵单位而言，无论是从美观还是从卫生的角度来看，大楼的明亮整洁都是很重要的企业形象问题，您说对吧？"

那位负责人点了点头。赵中又微笑着说："洁神就是一种很好的清洗剂，可以迅速地清洗地面。"同时拿出样品，说道："您看，现在向地板上喷洒一点儿清洗剂，然后用拖把一拖，就干干净净了。"

他在地板上的污迹处喷洒了一点儿清洗剂。清洗剂渗透到污垢中，需要几分钟时间。为了不使顾客觉得时间长，他继续介绍产品的性能以转移顾客的注意力。"洁神清洗剂还可以清洗墙壁、办公桌椅、走廊等处的污迹。与同类产品相比，洁神清洗剂还可以根据污垢程度不同，适当稀释，它既经济方便，又不腐蚀、破坏地板、门窗等。您看，”他伸出手指蘸了一点儿清洗剂，“连人的皮肤也不会伤害。”

说完，销售员指着刚才浸泡污渍的地方说：“就这一会儿的工夫，您看效果：清洗剂浸透到地面上的坑洼中，使污物浮起，用湿布一擦，就干净了。”随后拿出一块布将地板擦干，“您看，多干净！”

接着，他又掏出白手绢再擦一下清洗干净的地方：“看，白手绢一尘不染。”再用白手绢在未清洗的地方一擦，说：“您看，脏死了。”

赵中巧妙地把产品的优异性能展示给顾客看，顾客为产品优异的性能所打动，于是生意成交了。

心理学上有个概念叫“剧场效应”，人在剧场里看电影或看戏，感情与意识容易被带入剧情之中；另外，观众也互相感染，也会使彼此感情趋于相对一致。因而，一些聪明的销售员把“剧场效应”运用到推销活动中，同样取得了较好的效果。他们当众进行产品演示，边演示边解说，渲染了一种情景氛围，直接作用于潜在顾客的感性思维，让那些本来有反对意见的人和拒绝该产品的人在感性思维的影响下，受到不易察觉的催眠，最终做出购买的决策。

就像这个场景中的清洗剂销售员，面对顾客对产品不熟悉的情况，没有单纯地采用“说”的推销方法，而是发挥了自己的感性思维优势，一边为顾客演示产品一边解说，把产品的性能充分展示给潜在客户，当顾客感知到这确实是一种好产品时，成交也就是毫无悬念的事情了。

其实，销售员演示的过程完全出自于理性思维的周密计划，它通过感性思维的形式有步骤地建立起一种氛围，在一种虚化的催眠感觉中，让客户采取决策步骤。

好的演示常常胜过雄辩。在推销过程中，如果能让顾客亲自做示范，那你就不要动。让顾客做，把他们置身于情景当中，这同样是非常有效果的方法。

诚实效应：诚信最具生产力

销售心理学一点通：诚信的人最值得信任，自然会迎来数不清的订单。

在商品交易过程中，一并被交易的还有双方的诚信。90% 的成功生意人都是以正直诚实著称的，而那些不诚实的人的生意最终都走向破产。

梅耶·罗斯柴尔德是赫赫有名的罗斯柴尔德家族财团的创始人，18 世纪末他住在法兰克福的犹太人街道时，他的同胞们常常遭到残酷迫害。虽然关押他们房子的门已经被拿破仑推倒了，但此时他们仍然被要求在规定的时间回到家里，否则将被处以死刑。

他们过着一种屈辱的生活，生命的尊严遭到践踏，所以，一般的犹太人在这种条件下很难过一种诚实的生活。但实践证明，梅耶不是一个普通的犹太人，他开始在一个不起眼的角落里建立起了自己的事务所，并在上面悬挂了一个红盾，他将其称之为罗斯柴尔德，在德语中的意思就是“红盾”。他就在这里干起了借贷的生意，迈出了创办横跨欧陆的巨型银行集团的第一步。

当兰德格里夫·威廉被拿破仑从他在赫斯卡塞尔地区的地产上赶走的时候，他还拥有500万的银币。威廉把这些银币交给了梅耶，并没有指望还能把它们要回来，因为他相信侵略者肯定会把这些银币没收的。

但是，梅耶非常聪明，他把钱埋在后花园里，等到敌人撤退以后，就以合适的利率把它们贷了出去。当威廉回来时候，等待他的是令他喜出望外的好消息：梅耶差遣他的大儿子把这笔钱连本带息送还了回来，并且还附了一张借贷的明细账目表。

在罗斯柴尔德这个家族的世世代代当中，没有一个家庭成员为家族诚实的名誉带来过一丝污点，不管是生活上的还是事业上的。

许多人把说谎、欺骗视为一种手段，他们相信说谎、欺骗会给自己带来好处。好多信誉很好的商店，也往往掩饰自己货物的弱点，用动人的广告来哄骗消费者。

有很多人认为，在商业上，欺骗如同资本一样，是十分必要的。他们认为，在商业上处处讲实话几乎是件不可能的事情。

诚实的声誉与由欺骗暂时所获得的好处相比，其价值高千百倍！商业社会中，最大的危险就是不诚实与欺骗。往往在经济萧条时，人们更喜欢利用投机取巧的方法，欺骗顾客，不讲真话或是把应当说的真话秘而不宣。但他们没有想到，虽然这样的做法暂时在金钱上赚了一些，可是商人的人格和信用却因此丧失殆尽，这终将损害他们的长远利益。

庞飞是一位图书推销员，一次他到顾客那里去结一次已欠四个月的账款。顾客给他 3318 元的书款。庞飞觉得关系好，不好意思当着面数，所以当面没有数。回来后，他清理账款时，发现上午结的那笔款里多了 100 元钱。当他确认多了 100 元钱时，马上就打电话给顾客，说:“不好意思，我疏忽大意多收了您 100 元钱，现在马上给您送过去。”说着就往客户那里赶。当时已是晚上 10 点了，还下着雨，当他赶到顾客那里时已经是晚上 11 点多了，顾客在办公室等。见到庞飞时顾客说:“庞飞，老实说，我比你先发现我多付了你 100 元钱，但没有给你打电话，我想看看你会怎么做，你是好样的。”

这个顾客自然就成了庞飞的忠实顾客。

诚信是做人的根本，也是行销的重要准则。诚信具有生产力，当你被客户认为值得信任的时候，你所销售的产品就比竞争对手具有竞争优势。并且诚信是有连续效应的，当客户一旦认为你诚信可信，那么他将在很长一段时间内对你信任，从而使你的销售得到多次成功。

第三章

察言观色识人心

——看懂客户行为背后的潜台词

从客户的弱点处突破

销售心理学一点通：每个客户都有弱点，就看你能不能看到并突破客户的弱点。

无论是多么完美的人也会有缺点。由此推及销售上，无论是什么样的顾客也都会有弱点。一个非常谨慎的人，也会偶尔一两次冲动消费；一个非常冲动的人，也会在购买过程中保持理性。因此，销售人员要具有在瞬间把握顾客弱点的能力。

李先生原是吉林人，早年由于兵荒马乱，他跟着父母逃难到山东，后来就在山东定居下来，一家人过着非常贫苦的生活。新中国成立后，李先生一家人投身当地的建设，就再没有回过吉林。

改革开放以后，李先生以敏捷的思维和大胆的投资，创办了一个工厂，经过几年的奋斗与拼搏，已成为全国同行业中的佼佼者，个人资产总额已名列全国前五名。李先生虽已成家立业，但时时刻刻都想着家乡，想着家乡的人民。现在年龄也大了，总有一种叶落归根的想法，但苦于时间太忙，无法回去。

这时，李先生的家乡为了创办一家特产加工厂，需要一笔不小的资金，当地政府千筹万借，才筹到了总数的1/3，于是就派出一名办事员小徐去找李先生，希望能得到援助。

小徐是政府对外联络办的，为人聪明，善于交际，且很有办法。他看了李先生的详细资料后，就判断李先生这时也很有回家乡投资的意向。因此，在既没有任何人员陪同，也没有准备任何礼品的情况下，独自一人前往山东，并且打包票定会筹到款项。

当李先生听到家乡来人时，他在欣喜之余也感到有些惊讶，因为很久没有得到家乡的信息，突然有人来了，该不会是招摇撞骗之人吧。李先生心里不由起了疑心，但出于礼节，他还是同小徐见了面。

小徐一见李先生这种神情，知道他还未完全相信自己。于是他挑起了家乡的话题，只讲家乡这几十年的风貌变化，他那生动的语言，特别是那浓浓的爱乡之情溢于言表，令李先生深受感动，也将其带回了童年及少年时期。很显然，李先生记忆深处的乡情被深深地触动了，蕴藏在心中的几十年的思乡情全部流露了出来。

就这样，经过三个小时的“聊天”，小徐对借钱一事只字未提，只是与李先生一起回忆了家乡的变迁。最后，李先生不但主动提出要为家乡捐款一事，还答应了与家乡合资办厂的要求。

小徐很聪明，他充分抓住了李先生的心理特点，捕捉到了李先生的思乡之情。他利用换位思考，找到了李先生感兴趣的话题，因此，他的成功是意料之中的。

每个客户都有弱点，就看你能不能看到并突破客户的弱点。客户的弱点就是销售人员进行推销工作的切入点和突破口，针对客户的弱点进行营销，一切就变得容易许多。

让客户觉得你是他的朋友

销售心理学一点通：订单不是我们工作的全部，我们还要在工作中建立友谊。

通过电话与客户沟通时，由于时间短，客户很容易说“不”，而且挂掉电话的情况时有发生。因此对于销售人员来讲，在电话中与客户建立融洽关系，是推动电话交流的基础。

所谓融洽关系，是指双方在一起交流和谈话时，有一种愉悦的感觉，客户很高兴与工作人员在电话中交流。

1. 了解你的客户

要想与客户建立融洽关系，你就必须要了解你的客户。你曾亲自去过他们的工厂或办公室吗？你曾经体验过他们的产品或服务吗？大多数的业务员并不了解他们的潜在客户是生产什么产品或提供何种服务，这是不应该的。你应当用对待自己行业的同样热情来了解你的潜在客户或当前顾客。

然而，许多业务员却极力避开此事。他们说：“我每天要与那么多人通电话，我怎么有时间对他们一一拜访呢？不管怎样，我对这个行业已经相当了解了。”请记住，我们所讲的你要拜访的对象不是指那些你每天与之通话的数十名对象，而是指那些有可能成为你潜在客户的人。他们已经认同你的商品，决定与你进一步协商。然而，在广大的业务员当中普遍存在一种心态，那就是他们不愿花心思去了解他们的潜在客户所从事的行业。

如果你不能准确地了解潜在客户的消费体验，你至少可以要求看看他们的年终总结、说明书或其他诸如此类的信息，你甚至还可以在网上或图书馆里查阅有关该公司的最新报道。这些，都是与他们建立融洽关系的基础。

2. 主动承担责任

要想与客户建立融洽关系，你就必须让客户觉得你值得信任，你能主动承担责任。

首先，你应当发自内心地坚信，你能为你的潜在客户可能产生的问题提供最好的解决办法。如果潜在客户或者其他什么人要求你谈谈你的公司情况，你应当真诚地回答说，你们的公司是一家团结一致、顾客至上的公司，你很荣幸为这样的公司效力。

不过，如果你已经到了成交阶段，你只需要说：“这听起来对我很合适，您怎么想的？”一般来说，对方很可能有两种反映：一是对方愿意回答你的问题，这就表明他愿意成为你的顾客；而另一方面，对方可能要拒绝回答你的提问。这时，你就应当对已经出现的问题主动承担起责任并解决它。

为什么呢？因为我们完全信任自己的公司，也对对方有充分的了解，如果此刻对方对我们的建议有什么微词的话，我们要坦率地说出自己的想法，这一点你也要做到。

我们要说的内容大致如下：“对不起，我真的不知道该说什么好。我坚信我们能提供最优质的服务、最合理的价格、最好的服务。凭借我们公司在本行业的良好声誉，我想只有一个原因使你不能与我们公司合作。我一定是在刚才的陈述当中犯下了什么不可原谅的错误。因此，我想请你帮一个忙，告诉我究竟是什么地方出了问题。因为，坦诚地说，我们的商品对你们十分适合，我真的很难过在这个重要的事情上犯了错误。”

事实上，当你对对方的首次拒绝做出责任性的反应后，你往往会收到同样的回应：“不，不，不，这和你没有关系，问题在我们这里。”然后，这位潜在客户就会详细说明存在的障碍。那么，你就会顺理成章地得到你想要的信息并继续推动你的销售进程。

需要强调的是：尽管这是一个十分有效的技巧，但是它要求你对自己能够在实现诺言的问

题上绝对自信。还有，你必须在某种程度上愿意放弃我们常有的“理所当然”的看法。

我们的目标不是要打败你的潜在客户，而是要在前期努力的基础之上与对方建立合作伙伴关系。因此我们说话的语气要时时保持专业性和亲切性。而且我们应当采用一种严格的、不懈的、专业的方法，永远不要忽略你的潜在客户的购买动机。应尽量使用能够反映客户购买动机的言辞来陈述我们的产品及服务的优良特性。

3. 在工作中建立友谊

订单不是我们工作的全部，我们还要在工作中建立友谊。怎么理解友谊呢？

当你遭到了一个客户的拒绝，你却可以把他的名字卡片放到“两个月后争取”的类别内。你有这种想法，证明你刚才的谈判一定注入了友谊。

反过来，虽然客户拒绝了你，但客户却想，“这些人很专业，目前可以暂不签单，将来如果有需要，找他们是很合适的。”客户有了这个想法，同样证明你在谈判时发展了友谊。

怎么样才能获得友谊呢？

与客户谈判时我们提倡的是“诚挚”两个字。

好的交易对双方都有利，好的谈判结果是双赢，好的业务电话要以诚为本。也就是说，你的话必须易听、易懂、诚实、可信。

虽然，每次与客户的交锋都要涉及利益盈亏、价值准则、处世方法、审美取向等对立的问题，但对立的后面隐含着统一，有共性的东西。如果抱着“诚”字，共性的东西就不难找到。

再说“挚”。你在电话里和客户约定时间，他说：“星期四上午或者下午 4 点以后吧。”

你说：“哎呀，今天是星期一，张经理，我想能不能再早一点儿？”

执着、积极、主动，这就是“挚”。

认真衡量你的谈判是否成功，切记订单不是全部。

与客户建立融洽关系，是推动沟通的基础，也是促进成交的基石。融洽的关系一旦被确立，那么客户就会愿意与你一起交流和谈话，这样会使沟通更加顺利，成交也就顺理成章。

帮摇摆不定的客户决策

销售心理学一点通：犹豫不决的客户需要别人来帮他做决定。

假设你想买一件衬衫，到百货公司或专卖店选购。在你还未决定到底要买哪种颜色、样式、风格的衬衫时，必定会犹豫不决地在卖场里来回挑选，此时，店员便会走上前来为你服务。

“请问您需要哪种颜色的衬衫？”

“嗯，深蓝色的。”

“深蓝色的吗？这件您觉得如何？”

“嗯。花格子衬衫看起来似乎年轻了点儿，不符合我的年纪。”

“不会啦，您穿起来休闲又帅气，而且款式新颖，又很合您的身材，和您再相配不过了，老实说真是物超所值哩！您还考虑什么呢？”

“噢，是吗？嗯，好吧，就买这件。”

像这类客户和店员间的对话，在日常生活中屡见不鲜，或许你也曾有过类似的经验。只要认真分析一下，你就会发现其中的奥妙。

其实客户在进入商店之前，往往只是单纯想买件衬衫，对于样式并没有任何概念。而店员在观察到他犹豫不决的神态后，脑海中便飞快地拟出一套推销策略，并随手拿起一件放在面前的衣服，告诉客户这衬衫“款式新颖”“很合您的身材”之类的话，让客户不知不觉产生一股“想要买下来”的冲动。

正因为客户在踏进这家店之前，心中还弄不清楚自己究竟想要买哪种样式的衬衫，所以在听完店员一席话之后，便以为自己心目中理想的衬衫就是眼前这一件，于是痛痛快快地买下，而店员也因此成功说服客户成交了一笔生意。

学会与不同的人做生意

销售心理学一点通：面对不同的客户，你就要学会运用多种方法去应对。

在生意场上，总会接触到各种各样的客户，他们的素质、风格和处事的方式肯定是不一样的。面对这种情况，你就要学会运用多种方法去应对，一般情况下，这些客户大致可分为以下几类人，因而应对的方法也要因人而异。

1. 对待精明的客户

这类客户大多数是生意场上的老手，特别不好对付。如果你不答应他的条件，他就会说"我要走了"这样的话，对你施加压力。他认为这样施加压力后，你就会答应他的苛刻条件。

对于这类客户不能太让步。因为你越让步，他就会抓住你的弱点，使你吃大亏。此时，你只能据理相争，但也要给他一个台阶，既应当有礼貌，又不放他走，这就需要用话把他说服。

可以对他说："先生，要走了，明天来了别后悔呀，到明天，或许价格就涨了呢，您没看见这几天货是一天比一天价格高吗？再说我这商品又不错，您也喜欢，何必走呢，来，咱们好好商谈一下，怎么样？"

2. 对待没有主见的客户

通常这类客户做什么事都没主见，总是依赖别人，依赖他所信任的人。他们总是把自己当作一个小孩看待，每做一件事，都要和家里人商量，和他所熟悉的人、信任的人商量。有时这类人爱凑热闹。

由于这种人没有主见，总希望与一个有主见的，且可信任的人商谈，给他们一些意见，然后他们才去做某件事。

根据这一点，你可先和他们聊天，也就是先取得他们的信任，最后再询问他们“要不要”。这样就为后面埋下了“信任”的伏笔。

由于你对于这类客户来说是有主见的、可信任的人，他就会听从于你的意见，这样就有可能成交了。

可以这样对客户说：“先生，这些商品就在您的眼前，您又觉得很满意，为什么要和别人商量呢？难道还有人比您更加清楚我的商品的人吗？以我之见，您就开个订货单吧！您觉得怎么样？”

3. 对待沉默寡言的客户

有的客户话比较少，总是问一句说一句，这不要紧，即使对方反应迟钝也没什么关系，对这种人该说什么最好就说什么。这种不太随和的人说话也是有一句是一句，所以反而更容易成为那种忠实的顾客。

4. 对待知识渊博的客户

知识渊博的人是最容易面对的客户。面对这种客户要多注意聆听对方说话，这样可以吸收各种有用的知识及资料。同时，还应给予自然真诚的赞许。这种人往往宽宏、明智，要说服他们只要抓住要点，不需要太多的话，也不需要用太多的心思，仅凭此能够达成交易，当然是再理想不过了。

5. 对待爱讨价还价的客户

这种人往往为他们讨价还价而自鸣得意，所以对这种人有必要满足一下他的自尊心，在口头上可以做一点儿适当的小小的妥协，比如可以这样对他说："我可是从来没有以这么低的价钱卖过的啊。"或者："没有办法啊，碰上你，只好便宜卖了。"这样使他觉得比较便宜，又证明了他砍价的本事，他是乐于接受的。

6. 对待疑心重的客户

这种人容易猜疑，容易对他人的说法产生逆反心理。说服这种人的关键在于让他了解你的诚意或者让他感到你对他所提的疑问的重视，比如："您的问题真是切中要害，我也有过这种想法，不过要很好地解决这个问题，我们还得多多交换意见。"

满足客户被重视的需求

销售心理学一点通：虚荣之心，人皆有之，唯一的不同便是程度的高低。

从心理学的角度分析，人们好虚荣其实都是一种深层的心理需求的反应。因为在生活中，人们不仅要满足基本的生存需求，更要满足各种心理上的需求。尤其是随着社会的发展，物质生活得到很大的满足以后，人们更需要精神上的满足，比如得到别人的尊重和认可、关心和爱护，得到赞美，在交往中体现自身的价值等。虚荣心就是为了得到这些心理满足而产生的。

我们所说的虚荣型顾客是虚荣心比较强的那一部分人。在消费中，虚荣型客户的虚荣心理也会表现得非常明显。虽然家庭经济条件不是很宽裕，但是在购买商品时也要选择比较高档的，在销售员面前要尽量表现得很富有，不许别人说自己没钱、买不起，如果别人对其表示出轻视的态度，其自尊心就会受到很大伤害，这样的现象很多。

小肖是一家时装店的店员。这天，一位打扮雍容华贵的女士走进店里，在店里转了两圈后，在高档套装区停了下来。小肖连忙走过来招呼她，礼貌地介绍："小姐，这套服装既时尚又高雅，如果穿在您这样有气质的女士身上，会让您更加高贵优雅。"女士点点头，表示同意。小肖见她很高兴，对这套衣服也比较满意，便又说道："这套衣服质量非常好，相对来说，价格也比较便宜，其他的服装要贵一些，但是又不见得适合您，您觉得怎么样，可以定下来的话我马上给您包起来？"

小肖心想：质量很好，价格又便宜，她肯定会马上购买。但是该女士的反应却出乎预料，听完小肖的话之后，那位女士立刻变了脸色，把衣服丢给小肖就要走，但又回头对小肖说："什么叫作这件便宜？什么又是贵一点儿的不适合我？你当我没钱买不起是不是？告诉你，我有的是钱，真是岂有此理，太瞧不起人了，走了，不买了！”

尽管小肖不停地道歉，那位女士依然很生气地离开了。好好的一笔生意，被她后来加的一句话给搞砸了。

我们当然能看出，那位女士之所以那么气愤，是因为她比较爱慕虚荣，害怕别人说自己没钱，害怕被别人看不起，对“便宜”这个词比较敏感。一般而言，客户购买商品往往会追求实惠和便宜，我们普遍认为“物美价廉”是很多客户的最佳选择。但对于一些虚荣型客户，如果销售人员向他们传达商品便宜、实惠的信息，会无意中刺伤他们的虚荣心，引起其反感，反而让他们拒绝购买。

对付虚荣型的客户，绝对不能伤害他们的虚荣心。相反地，要让他们特有优越感。比如说，我们可以多夸夸他们，这样的话他们就会更愿意花大把的“银子”在你这里。

我们看一下下面这位销售员，他就非常懂得使用抬高客户地位，满足客户虚荣心的小方法。

在一家法国商店，一对外国夫妇对一只标价万元的翡翠手镯很感兴趣，但由于价格太贵而犹豫不决。销售员见此情景，主动介绍说：“有个国家的总统夫人也曾对它爱不释手，但因价钱太贵所以没买。”这对夫妇闻听此言，一种好胜心理油然而生，反而激发起购买欲，当即付钱买下，感觉自己比总统夫人还阔气。

销售员就说了“有个国家的总统夫人也曾对它爱不释手，但因价钱太贵所以没买”这一句话，就以一句抵一万句的效果让客户的虚荣心得到了极大的满足，进而在虚荣的作用下花大价钱买下了手镯。

这位销售员非常明白，虚荣型客户就是爱在别人面前摆阔气、讲排场，其目的就是为了得到赞美和恭维，让其对自己产生尊重。这样的话，他们就会从心理需求的满足中得到愉悦的心情，从而自我感觉良好。当他们的自尊心、虚荣心得到满足的时候，他们就会风风光光地把东西买走。

客户的忠诚度会写在脸上

销售心理学一点通：明白客户忠诚类型的多样化，能够帮助我们更好地进行针对性营销。

客户忠诚于某一品牌不是因为其促销或营销项目，而是因为他们得到的价值。影响价值的因素有很多，比如，产品质量、客户服务和知名度、美誉度等。不同企业所具有的客户忠诚度差别很大，不同行业的客户忠诚度也各不相同。那些能为客户提供高水平服务的公司往往拥有较高的客户忠诚。客户忠诚可以划分为以下几种类型：

1. 垄断忠诚

垄断忠诚是指客户别无选择下的顺从态度。比如，政府规定只能有一个供应商，客户就只能有一种选择。

这种客户通常是低依恋、高重复的购买者，因为他们没有其他的选择。微软公司就具有垄断忠诚的性质。一位客户形容自己是“每月100美元的比尔·盖茨俱乐部”的会员，因为他至少每个月要为他的各种微软产品进行一次升级，以保证不落伍。

2. 惰性忠诚

惰性忠诚是指客户由于惰性而不愿意去寻找其他供应商。这些客户也大都是低依恋、高重复的购买者，他们对公司并不满意。如果其他公司能够让他们得到更多的实惠，这些客户便会很容易被人挖走。拥有惰性忠诚的公司应该通过产品和服务的差异化来改变客户对公司的印象。

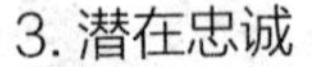

3. 潜在忠诚

潜在忠诚的客户是低依恋、低重复购买的客户。客户希望不断地购买产品和服务，但是公司一些内部规定或其他的环境因素限制了他们。例如，客户原本希望再来购买，但是卖主只对消费额超过500元的客户提供免费送货，由于商品运输方面的问题，该客户就可能会放弃购买。

4. 方便忠诚

方便忠诚的客户是低依恋、高重复购买的客户。这种忠诚类似于惰性忠诚。同样，方便忠诚的客户很容易被竞争对手挖走。例如，某个客户重复购买是由于地理位置比较方便，这就是方便忠诚。

5. 价格忠诚

对于价格敏感的客户会忠诚于提供最低价格的企业，这些客户很难发展成为忠诚客户。

6. 激励忠诚

公司通常会为经常光顾的客户提供一些忠诚奖励。这些客户在公司有奖励活动时便来购买，但活动结束时，他们就会转向其他有奖励的或是有更多奖励的公司。

明白客户忠诚类型的多样化，能够帮助我们更好地分析客户的需要，为不同的客户提供不同的服务，以期让更多的客户拥护我们！

莫被“考虑一下”所欺骗

销售心理学一点通：客户说他要再考虑一下，就等同于他在对你拒绝，这时你需要做的不是等待他考虑后的结果，而是以更加积极的心态去争取。

在推销员进行建议和努力说服或证明之后，客户有时会说一句：“知道了，我考虑看看。”或者是：“我考虑好了再跟你联系，请你等我的消息吧！”顾客说要考虑一下，是什么意思？是不是表示他真的有意购买，还是现在还没考虑成熟呢？

如果你是这么认为，并且真的指望他考虑好了再来购买，那么你可能是一位不合格的推销员。其实，对方说“我考虑一下”，乃是一种拒绝的表示，意思几乎相当于“我并不想购买”。

要知道，推销就是从被拒绝开始的。作为一名推销员，当然不能在这种拒绝面前退缩下来，正确的做法应该是迎着这种拒绝顽强地走下去，抓住“让我考虑一下”这句话加以利用、充分发挥自己的韧劲，努力促成商谈的成功。所以，如果对方说“让我考虑一下”，推销员应该以积极的态度尽力争取，可以用如下几种回答来应对。

（1）我很高兴能听到您说要考虑一下，要是您对我们的商品根本没有兴趣，您怎么肯去花时间考虑呢？您既然说要考虑一下，当然是因为对我所介绍的商品感兴趣，也就是说，您是因为有意购买才会去考虑的。不过，您所要考虑的究竟是什么呢？是不是只不过想弄清楚您想要购买的是什么？这样的话，请尽管好好看清楚我们的产品；或者您是不是对自己的判断还有所怀疑呢？那么让我来帮您分析一下，以便确认。不过我想，结论应该不会改变的，果然这样的话，您应该可以确认自己的判断是正确的吧！我想您是可以放心的。

（2）可能是由于我说得不够清楚，以至于您现在尚不能决定购买而还需要考虑。那么请让我把这一点说得更详细一些以帮助

您考虑，我想这一点对于了解我们商品的影响是很大的。

（3）您是说想找个人商量，对吧？我明白您的意思，您是想要购买的。但另一方面，您又在乎别人的看法，不愿意被别人认为是失败的、错误的。您要找别人商量，要是您不幸问到一个消极的人，可能会得到不要买的建议。要是换一个积极的人来商量，他很可能会让您根据自己的考虑做出判断。这两种人，找哪一位商量会有较好的结果呢？您现在面临的问题只不过是决定是否购买而已，而这种事情，必须自己做出决定才行，此外，没有人可以替您做出决定。其实，若是您并不想购买的话，您就根本不会去花时间考虑这些问题了。

（4）先生，与其以后再考虑，不如请您现在就考虑清楚做出决定。既然您那么忙，我想您以后也不会有时间考虑这个问题的。

这样，紧紧咬住对方的“让我考虑一下”的口实不放，不受困于他拒绝的意思，尽量借题发挥、努力争取，尽最大的可能去反败为胜，这才是推销之道。

正确理解客户的异议

销售心理学一点通：正确理解客户的异议，你才能更冷静地判断异议产生的真正原因，从而有针对性解决。

异议有时是客户的手段。你现在正与你的潜在客户进行谈判。你提出问题，收集信息，或者正在做陈述，推动整个沟通环节慢慢向前。这时候，对方突然转换话题，问了一些生硬唐突的问题，似乎要使你措手不及（这里用的是“似乎”一词，事实上，对方仅仅是用这种唐突的方式说出一些可能的问题，他并不是真的要使你难堪）。这类问题大致如下：

你以前同谁合作过？

你愿意与大公司还是小公司合作呢？

去年，你的销售业绩怎样？

这些产品、服务有担保吗？

在我们这个行业里，你同多少客户有过合作？

此刻，你如坐针毡，根本不可能回答这些询问，更不必说继续推销了，这是很自然的事情。但是，如果你深吸一口气，做出恰

当、自信，而又诚实的反应，你就会听到如下这些回答：

噢，这不是我们真正需要的。

我们的工作方式不像那样子。

我觉得这不太适合。

这对我们都不合适。

恐怕，我一直在浪费你的时间，我觉得贵公司不可能是我们的合作对象。

对于这些话，不同人对此有不同的看法。有些人称之为异议，但也有人把它看作反馈或者问题。我们在面对异议或拒绝时要有以下几个基本认知：

每一个人都有拒绝的权利与情绪；

拒绝可能是在拒绝你的推销方式，而不是你的产品；

拒绝可能是准客户当下的反应，不一定代表永远拒绝；

拒绝可能是因为准客户不了解产品的好处；

拒绝是销售的开始，有拒绝必定会有接受；

处理反对问题的目的是为了促成，而不是为了赢得辩论，因此你必须要有处理问题的耐心，同时维持基本的礼仪；

处理反对问题的技巧并没有使用上的顺序问题，也就是说，在任何时候都有可能会派上用场。甚至于在你销售初始，面对准客户的反感时就要运用它。

有了以上的基本认知，面对拒绝你应该：

视为当然，切勿让它影响了你的心情；

再接再厉，销售很简单—只是把会购买的准客户找出来而已；

回想一下你拒绝别人的情境与心情，设身处地，体谅准客户拒绝你的情绪；

统计一下你被拒绝的次数，如果超乎寻常，请赶快检讨你的沟通方式。切记！不要太早检讨是不是产品的问题（那是管理者的职责）。

当你处理了客户的不少异议之后，就应该可以尝试做一些促成的动作。我们首先就要确认客户提供的问题，哪些合理，哪些不合理；是价格问题、送货日期问题，抑或其他。

下面是我们对这些可能性问题的分类：

1. 问题或质疑

如果你的当前顾客或潜在客户对你说："几年前我们与你们有过接触，但是在交货上有很大的问题。"这就出现了质疑。有些问题是简单的，有些问题是复杂的。对于简单问题的解决方案就是直接回答主要问题，避免再次推销。对于复杂的问题，你需要寻求外界的帮助来解决，立即向上级管理部门汇报，不要指望在问题解决之前会有订货。

2. 隐藏性问题

如果经过一次会面或会谈后，对方没有什么实质性的反应，或者不知道原因对方就中止了合作，这时就出现了隐藏性的问题。解决方法就是由个人承担销售的责任，主动送去一封"致歉信"。

3. 拖沓性问题

如果对方一再说，“让我再考虑一下，”这就是拖沓性问题。对此，最好的解决方法就是制订一个时间表，前期的步骤要明确说明，对最后的决定时间也要做一个必要的限定。

4. 消除对方的疑虑

如果决策人员表示，“同这样一群年轻的销售人员合作，问题的解决可能要复杂些”，那么就表示他有疑虑。消除疑虑的最好方法就是看他过去是如何决定与那些和我们今天有同样问题的卖主合作的。要是你能用上某些小把戏也是可以的，比如说一封证明信，某个满意客户的来电，或是一些参考材料等。

5. 怀疑、忧虑和不确定

对于变化的问题，不论是顾客还是潜在客户都有抵触情绪。解决之道就是直接切题，详细地跟对方讲你是如何让他们接触你的产品或服务的，从最初的阶段对他们进行指导。

其实大多数人决定不购买某一家产品的一个共同原因就是他们觉得没有必要改变现状。你可能一直以来已经习惯于把某个公司或一些公司看成你的竞争对手，而事实上，你真正的对手是当前的状况，即在你出现之前人们习惯了的生活方式。

只有了解异议产生的可能原因，正确理解客户的异议，你才能更冷静地判断异议产生的真正原因，并针对原因来“有的放矢”，如此，你才能真正有效地化解异议。

消除顾客对自己的“奸商”评价

销售心理学一点通：销售人员必须尽快打消顾客疑虑，取得顾客的信任，否则行销绝不会成功。

顾客：“我说我想要原来的那一款，你总是向我推荐我没有仔细研究的款式，而且似乎总是高端的产品，莫非你打算从中赚取差价？嗯……你是奸商么？”

销售人员：“……”

“嗯……你是奸商么？”这句话很冷很直接，足以使场面陷入十足的尴尬。不可否认，在转变顾客需求的过程中，经常会遇到顾客询问这个问题，这是顾客对销售人员极度不信任的表现。但归根结底，这是销售人员没有能成功向顾客普及新产品知识和市场情况的结果，没能打消顾客的疑虑所致。

顾客提出这种疑虑很正常，因为有很多顾客在走进卖场前，都认真了解了自己想要的产品的大致价格范围，甚至确定了具体型号。而当自己非常熟悉的产品因为各种原因无法买到时，顾客已经比较焦虑，此时加上销售人员对顾客预定产品的贬低和对新产品的抬高，顾客难免会有怀疑销售人员动机的想法。这时候，销售人员必须尽快让顾客认识到新产品的市场情况，让顾客认识到这种产品在其他卖场中的报价和服务，以及同类产品的报价等情况，从而打消顾客疑虑，重新取得顾客的信任。

销售人员可以按照以下模板灵活应对顾客：

“这位大哥您的想法很有必要，毕竟现在市场上确实有一些不良销售人员借机欺诈顾客，但那些销售人员都是没有固定店铺，游走于电器城的闲散人员。咱们这家家电卖场是正规的一个大公司，我们这些销售人员都是经过公司正规培训而且有公司监督与规定的，我们始终以信誉为本，您放心就是啦！此外您要购买的产品由于市场销量不是很好，大部分卖场库存都没有进很多货，因此在市场上不好买到。我之所以向您推荐另一款产品，并不是说我能从其中多赚多少钱，不信您可以从我们卖场的联网电脑上查询一下其他卖场的价格情况，作为一名销售人员，为您提供满意且高效的服务从而节省您宝贵的时间和金钱是我们义无反顾的责任。此外，拥有和您原来想购买的产品一样的功能甚至比那款产品性能还好的有好几款产品，这些产品有很多都是针对原有产品性能缺陷的改进，从而让您的生活更加安心。”

顾客：“哦！这样，我就是害怕被奸商骗了，上一次在一个很大的数码大厦里，就被一个销售人员给骗了好几百，我是惊弓之鸟了。那你给我介绍一下这个新产品吧，我看看是不是如你所说的那样。”

应对顾客刻薄的怀疑，你不仅要以各种方式灵活还自己的清白，更要以顾客为中心，普及新产品的优势和市场状况，让顾客了解市场，消除消极的疑虑。

洞穿客户的隐含期望

销售心理学一点通：只有超出客户的期望，让他们惊叹，你才能做到高人一等。

一些期望只有在它们没有得到满足的时候才会浮出表面，它们通常被理解为必然的或者是理所当然可以获得的。例如，我们期望周围的人要注意的礼貌。只有当我们遇到一个特别粗鲁的人时才会表示出不满。类似的这些期望存在于潜意识中，因为只有当客户经历的服务低于特定的合理界限时，它们才会成为影响满意度的重要因素。

一家公司与它的客户之间的大多数互动和交往都发生在一定的范围之内，这使得大多数互动都成为了惯例。一般不会有什么东西使客户特别满意或者不满意。我们不会过多考虑这些遭遇。但为了让客户真的满意，以至于他们必定会回来并且会对公司进行正面的口头宣传，公司必须超出他们的期望。公司必须做些事情吸引住客户的注意力，诱使他们发出赞叹：“哇，我真的是没有想到！”

许多年前，巴诺斯先生经历过一次令人激动的经历。当时是二月份，他要去A酒店参加一个商务会议。傍晚的时候，出租车将巴诺斯先生带到了A酒店的门前。天色已经暗了下来，下着小雨，但他决定吃饭前痛痛快快地出去跑一会儿，于是就穿上运动衣出门了。一个小时以后，他回到了酒店，这时他的身上已经湿透了。他希望能悄悄走进电梯而不打扰其他的客人，因为客人们与一个浑身湿透的中年人一起坐电梯的时候会感到很不舒服。

当巴诺斯穿过大厅的时候，前台传来了一个声音："先生，我们能为您把衣服弄干吗？"他往传来这个意外问候的方向望去，发现一个服务生站在旁边。服务生走上前来，说道："巴诺斯先生，您明天不打算穿这些湿透的衣服进会议室吧？让我们帮您烘干它们吧。"这令巴诺斯感到惊奇，他向服务生表示感谢并且和他约定，将这些还在滴水的运动衣和其他衣服，装在洗衣袋里放在巴诺斯的门外。

9点半左右的时候巴诺斯回到了房间，他的运动衣不仅已经烘干了，甚至还洗过熨好并且整整齐齐的放在床脚！而这几乎是我的运动服第一次被熨过。

我们中的大多数人作为客户的时候，不会将我们的标准或者期望毫无道理地提得很高，通常它们会得到满足，但并不会让我们喜出望外。同样，大多数公司并不能成功地做到让客户特别满意。大多数公司的工作是按部就班的。问题在于，如果你做的每件事情都是按部就班的，那么你做的可能是不够的。只有超出客户的期望，让他们惊叹，你才能做到高人一等。

所以，我们在与客户接触的时候，一定要细心一些，多个心眼，多注意观察客户隐含的期望，适时地与他们的隐含期望相对接。

及时领会客户的每一句话

销售心理学一点通：只有及时领会了客户的意思，推销员才能及时做好准备，才能为下一步的顺利开展创造条件。

推销工作就是读人的工作，不仅要读懂客户的个性、喜好以及真正需求，还要及时领会客户的每一句话。无论客户是在拒绝或者是在问询，每一句话的背后都有隐藏有深意。

华莱士是A公司的推销员，A公司专门为高级公寓小区清洁游泳池，还包办景观工程。B公司的产业包括12幢豪华公寓大厦，华莱士已经向他们的资深董事华威先生说明了A公司的服务项目。开始的介绍说明还算顺利，紧接着，华威先生有意见了。

场景一：

华威："我在其他地方看过你们的服务，花园很漂亮，维护得也很好，游泳池尤其干净；但是一年收费10万元？太贵了吧！我付不起。"

华莱士："是吗？您所谓'太贵了'是什么意思呢？"

华威：“说真的，我们真的很希望从年中，也就是6月1日起，你们负责清洁管理，但是公司下半年的费用通常比较拮据，下半年的游泳池清洁预算只有3.8万元。”

华莱士：“嗯，原来如此，没关系，这点我倒能帮上忙，如果您愿意由我们服务，今年下半年的费用就3.8万元；另外6.2万元明年上半年再付，这样就不会有问题了，您觉得呢？”

华威：我看这样行。

场景二：

华威：“我对你们的服务质量非常满意，也很想由你们来承包；但是，10万元太贵了，我实在没办法。”

华莱士：“谢谢您对我们的赏识。我想，我们的服务对你们公司的确很适用，您真的很想让我们接手，对吧？”

华威：“不错。但是，我被授权的上限不能超过10万元。”

华莱士：“要不我们把服务分为两个项目，游泳池的清洁费用4.5万元，花园管理费用5.5万元，怎样？这可以接受吗？”

华威：“嗯，可以。”

华莱士：“很好，我们可以开始讨论管理的内容……”

场景三：

华威：“我在其他地方看过你们的服务，花园侍弄得还算漂亮，维护修整上做得也很不错，游泳池尤其干净；但是一年收费10万元？太贵了吧！”

华莱士：“是吗？您所谓‘太贵了’是什么意思？”

华威:“现在为我们服务的C公司一年只收8万元，我找不出要多付2万元的理由。”

华莱士:“原来如此，但您满意现在的服务吗？”

华威:“不太满意，以氯处理消毒，还勉强可以接受，花园就整理得不尽理想；我们的住户老是抱怨游泳池里有落叶；住户花费了那么多，他们可不喜欢住的地方被弄得乱七八糟！虽然给C公司提了很多遍了，可是仍然没有改进，住户还是三天两头打电话投诉。”

华莱士:“那您不担心住户会搬走吗？”

华威:“当然担心。”

华莱士:“你们一个月的租金大约是多少？”

华威:“一个月3000元。”

华莱士:“好，这么说吧！住户每年付您3.6万元，您也知道好住户不容易找。所以，只要能多留住一个好住户，您多付2万元不是很值得吗？”

华威:“没错，我懂你的意思。”

华莱士:“很好，这下，我们可以开始草拟合约了吧。什么时候开始好呢？月中，还是下个月初？”

读懂客户的话才能使销售进行下去。销售过程中及时领会客户的意思非常重要。只有及时领会了客户的意思，推销员才能及时做好准备，才能为下一步的顺利进行创造条件。

读懂客户的肢体语言

销售心理学一点通：一个人想要表达他的意见时，并不见得需要开口，有时肢体语言会更丰富多彩。

有人统计过，人的思想多半是通过肢体语言来表达的。我们对于他人传递的信息内容的接受，10% 来自于对方所述，其余则来自于肢体语言、神态表情、语调等。下面简要列举一些常见的肢体语言，希望能通过这样的破译助你和客户的沟通顺畅。

客户瞳孔放大时，表示他被你的话所打动，已经准备接受或在考虑你的建议了。

客户回答你的提问时，眼睛不敢正视你，甚至故意躲避你的目光，那表示他的回答是“言不由衷”或另有别的打算。

客户皱眉，通常是他对你的话表示怀疑或不屑。

与客户握手时，感觉松软无力，说明对方比较冷淡；若感觉太紧了，甚至弄痛了你的手，说明对方有点儿虚伪；如感觉松紧适度，表明对方稳重而又热情；如果客户的手充满了汗，则说明他可能正处于不安或紧张的状态之中。

客户双手插入口袋中，表示他可能正处于紧张或焦虑的状态之中。

客户不停地玩弄手上的小东西，例如圆珠笔、火柴盒、打火机或名片等，说明他内心紧张不安或对你的话不感兴趣。

客户交叉手臂，表明他有自己的看法，可能与你的相反，也可表示他有优越感。

客户面无表情，目光冷淡，就是一种强有力的拒绝信号，表明你的说服没有奏效。

客户面带微笑，不仅代表了友善、快乐、幽默，而且也意味着道歉与求得谅解。

客户用手敲头，除了表示思考之外，还可能是对你的话不感兴趣。

客户用手摸后脑勺，表示思考或紧张。

客户用手搔头，有可能他正试图摆脱尴尬或打算说出一个难以开口的要求。

客户垂头，是表示惭愧或沉思。

客户用手轻轻按着额头，是困惑或为难的表示。

客户顿下颚，表示顺从，愿意接受销售人员的意见或建议。

客户颚部往上突出，鼻孔朝着对方，表明他想以一种居高临下的态度来说话。

客户讲话时，用右手食指按着鼻子，有可能是要说一个与你相反的事实、观点。

客户紧闭双目，低头不语，并用手触摸鼻子，表示他对你的问题正处于犹豫不决的状态。

客户用手抚摸下颚，有可能是在思考你的话，也有可能是在想摆脱你的办法。

客户讲话时低头揉眼，表明他企图要掩饰他的真实意图。

客户搔抓脖子，表示他犹豫不决或心存疑虑；若客户边讲话边搔抓脖子，说明他对所讲的内容没有十分肯定的把握，不可轻信其言。

客户捋下巴，表明他正在权衡，准备做出决定。

在商谈中，客户忽然把双脚叠合起来（右脚放在左脚上或相反），那是拒绝或否定的意思。

客户把双脚放在桌子上，表明他轻视你，并希望你赞美他。

客户不时看表，这是逐客令，说明他不想继续谈下去或有事要走。

客户突然将身体转向门口方向，表示他希望早点儿结束会谈。

当然，客户的肢体语言远不止这些，平时善于察言观色的销售人员，再加上阅人无数的工作，一定可以总结出一套行之有效的方法。

决策者是可以被观察出来的

销售心理学一点通："擒贼先擒王"，找出这群人中的能拍板的决策者或内行，决策者的特征就是其他成员有什么新的意见都会和他商量一下，决策人往往会统一最后的意见。

一对夫妻带领自己十几岁的小女孩一起走进眼镜店。

销售员："您好，欢迎光临大明眼镜店！请问你们需要配什么样的眼镜呢？"

小女孩："我要美瞳的隐形眼镜，因为戴上去眼镜看上去很大很漂亮！"

妈妈："呵呵，瞧这孩子，就爱臭美。戴隐形眼镜太伤眼睛了，并且也麻烦，会影响学习，还是戴这款黑框的眼镜吧，看上去文静些。"

爸爸："嗯！我觉得还是宝石蓝的框架眼镜好看些，看起来活泼明亮一些，小孩子不要给她戴黑框的眼镜，太压抑了，不利于性格发展。"

销售员："……"

在销售过程中，许多销售员都特别恐惧销售中的一对多现象，即一个销售人员同时对付一拨顾客，他们可能是亲人、同事或朋友关系。最让人头疼的是，他们往往每个人都有不同的想法，而且所有人的观点往往不一致。

在这种情况下，销售员与顾客之间的交流往往是极其复杂的：

一方面，这群顾客往往仗着人多，认为他们自己很了解想购买的商品，认为销售员只是花言巧语，避实就虚；另一方面，销售员则认为这群顾客不懂装懂，自作聪明，甚至不可理喻，以至于两方面都不愉快，导致交易失败。还有的顾客对商品很满意，但因为陪伴购物者的一句话就让销售过程终止了，这确实非常令人痛心。

可以说，这群顾客买与不买的标准是不确定的，甚至是相互冲突的。销售员在没有充分了解这群人中各自扮演的角色之前，最好不要提供含有自己建议的商品需求标准，这可能不仅没有任何正面效果，还会让顾客群直接流失掉。

这时最聪明的做法就是“擒贼先擒王”，找出这群人中的能拍板的决策者或内行。决策者的特征就是其他成员有什么新的意见都会和他商量一下，决策人往往会统一最后的意见。另外，内行对商品的成交也起着决定性的作用。虽然内行不一定是那个购买商品的人，但他是购物的参谋长，很多时候只有经过他“法眼”的商品才会被团队中的决策人所考虑。

剩下的就是找出出钱的人和将要购买这个商品的人。这两个人也是不可忽视的，商品的价位、品质、款式等方面的因素会影响到这两个人的利益，所以我们必须小心揣摩对待。

分清这个团队中每个人的角色之后，我们要针对他们消费的每一个阶段施以不同的对策。

团队意见不一致阶段：这时候销售员不能盲目发表自己的意见，免得惹人烦。由于这个阶段团队内部意见不一致，因此销售员只能先默默地听团队内所有人说完，听出他们有分歧的内容，这期间要不断配合笑容以表示理解。

逐一配合阶段：团队成员会经过讨论才能达到意见的基本统一。因此在团队中的每个人发表意见的时候，销售员可以随声附和以表示支持甚至补充一下意见人的观点，尤其是对提高卖场利润有利的时候。

融入其中协调意见统一阶段：这时候团队内的讨论进行了一大半，销售员可以融入其中，将自己掌握的市场信息和服装信息告诉大家，以弥补团队中的盲点和一些人的疑虑。

角色最终确认阶段：经过上述的努力，销售员应该能够确定团队中谁是决策人，谁是出钱人，谁是内行人。此外，顺便找出比较顺从自己意见的人，这时候销售人员必须谦虚谨慎，更不可言过其实。

主攻拍板人和内行阶段：这个时候销售员已经确定谁是决策者和内行，此时导购必须全力配合、说服甚至转变内行和决策者的需求信息，满足决策者的要求，从而做到“擒贼先擒王”，顺利成交。

信任是成交的基础

销售心理学一点通：通常人们只与那些了解的、喜欢的和信任的人做生意，信任就是商务沟通和成交的基础。

任何一笔生意的基础，靠的是什么？靠的就是双方建立起来的相互信任。

我们可以通过一个故事来说明这个问题：

在一个炎热的下午，有一位穿着汗衫、满身汗味儿的老农夫走进了汽车展示中心的大厅，他刚一进来，迎面立刻走来一位笑容可掬的营业小姐，很客气地询问老农夫："大爷，我能为您做什么吗？"

老农夫有点儿腼腆地说："不用，不用，外面天气热，我刚好路过这里，只是想进来吹吹冷气，马上就走啊。"

营业小姐听完后亲切地说："是啊，今天外面确实很热，您就在这休息一会儿吧！"说着便请老农夫坐在沙发上休息。

"可是，我们种田人衣服不太干净，怕会弄脏你们的沙发。"

小姐却微笑着说："没关系的，沙发就是给客人坐的，否则，公司买它干什么？"

休息一会儿后，老农夫便走向展示中心，围着那儿的新货车东瞧瞧，西看看。

这时，那位营业小姐又走了过来："大爷，这款车是新上市的，要不要我帮您介绍一下？"

"不用！不用！"老农夫连忙说，"你不要误会了，我可没有钱买，种田人也用不到这种车。"

"不买没关系，以后有机会您还可以向您的朋友们介绍一下啊。"然后小姐便详细耐心地将货车的性能逐一解说给老农夫听。

听完后，老农夫突然从口袋中拿出一张皱巴巴的白纸，交给这位柜台小姐，并说：“这些是我要订的车型和数量，请你帮我处理一下。”

小姐有点儿诧异地接过纸来一看，这位老农夫一次要订 6 台货车，连忙紧张地说：“大爷，您一下订这么多车，我们经理不在，我必须找他回来和您谈，同时也要安排您先试车。”

此时，老农夫语气平稳地说：“小姐，不用找你们经理了，我本来是种田的，最近和人投资搞货运生意，需要买几台货车，可是我对车子外行。买车简单，最担心的就是车子的售后服务及维修，因此我儿子教我用这个笨方法来试探每一家汽车公司。这几天我走了好几家，每当我穿着同样的旧汗衫走进他们的销售大厅，同时表明我没有钱买车时，常常会受到冷落，而只有你们公司，在得知我不是你们的客户之后，还那么热心地接待我，为我服务。对于一个不是你们客户的人尚且如此，更何况成为你们的客户之后呢？所以我决定购买你们的货车。”

正是因为营业小姐赢得了农夫的信任，她意外地接到了一笔大订单。可见，赢得客户的信任是多么重要。所以说，与客户建立起信任关系是获得成交的基础，如果我们不能赢得客户的信任，销售基本是不可能成功的。

客户对销售人员的信任一般来自于以下五个方面：

1. 讲话方式

是指销售人员的声音表现是否专业。当客户对销售人员的专业能力了解不多的情况下，他会通过其谈话方式，包括语音、语调等因素来判断其是否专业。

2. 讲话内容

是指销售人员的专业能力。任何一个客户都希望与一个很熟悉他们行业的专家打交道，而不是同一个只会介绍公司的人打交道。在这种情况下，销售人员可以运用自己的专业能力来与客户建立信任关系，让客户从心里佩服你，信任关系也就自然而然地建立起来了。

3. 可靠

履行诺言是可靠的一大标志，销售人员一定要遵守与客户约定的事情，并按时执行。当然，从声音中也可以判断一个人是否可靠。

4. 坦诚

坦率而真诚的销售人员往往能取得客户的信任。坦率，就是要与客户开诚布公。举个简单的例子，销售人员要正视自己公司或产品的相对不足的地方，并能与客户公正地去探讨它，而不是把自己夸得毫无缺点，甚至不惜说谎话来欺骗客户，这都对建立信任关系很不利。真诚，就是要从客户出发，真心想帮助客户成功。没有哪一个客户会拒绝真诚要帮助自己的人。

5. 致力于建立长期关系

销售人员当然希望在最短的时间内与客户建立起信任关系，但有时候他们

必须花相当长的时间来与客户建立信任关系。对有些客户来讲，必须要经过了解、喜欢、信任这个过程，才能建立起信任关系。

积极回应客户的抱怨

销售心理学一点通：学会积极回应客户的抱怨，温和、礼貌、微笑并真诚地对客户做出解释，让他们从不满到满意，相信销售员收获的不仅仅是一次成交，而是客户长久的合作。

俗话说“伸手不打笑脸人”。我们不难联想到自己工作生活中的一些场景：比如当领导发火时，赶紧主动道歉，将责任全部揽到自己身上；比如约会放人鸽子，见面马上道歉，并想办法让对方开心，这就相当于战争开始前就已经举起了白旗，对方还会忍心对你开枪吗？

微笑和真诚是影响客户情绪的最重要的元素，可以化客户的怒气为平和，化客户的拒绝为认同。

在销售过程中，客户的情绪往往是变化无常的，如果销售人员不注意，则很可能会由于一个很小的动作或一句微不足道的语言使客户放弃购买，而之前所做的一切努力都要付诸东流。尤其是面对客户对于产品的价格、质量、性能等各个方面或大或小、可有可无的抱怨，如果销售员不能够正确妥善地处理，将会给自己的工作带来极大的负面影响，不仅仅影响业绩，更可能会影响公司的品牌。

所以，学会积极回应客户的抱怨，温和、礼貌、微笑并真诚地对客户做出解释，消除客户的不满情绪，让他们从不满到满意，相信销售员收货的不仅仅是这一次的成交，而是客户长久的合作。

客户的抱怨一般来自以下几个方面：

首先，是对销售人员的服务态度不满意。比如有些销售员在介绍产品的时候并不顾及客户的感受和需求，而是像为了完成任务而一味说产品多好；或者是在客户提出问题后销售人员不能给出让客户满意的回答；或是在销售过程中销售员不能做到一视同仁，有看不起客户的现象等。

其次，是对产品的质量和性能不满意，这很可能是客户受到广告宣传的影响，对产品的期望值过高引起，当见到实际产品，发现与广告中的宣传存在差距，就会产生不满。还有一些产品的售后服务或价格高低都会成为客户抱怨的诱因。

销售人员面对这种抱怨或不满，要从自己的心态上解决问题，认识到问题的本质。也就是说，应将客户的抱怨当成不断完善自身的机会。客户为什么会对我们抱怨？这是每一个销售人员应该认真思考的问题。其实，客户的抱怨在很大程度上来自于一种期望，对品牌、产品和服务都抱有期望，在发现与期望中的情形不同时，就会促使抱怨情绪的爆发。而不管客户怎么抱怨，销售人员都能做到保持微笑，认同客户，真诚地提出解决方案，就可能使坏事变成好事，不但不影响业绩，相反会使业绩更上一层楼。

英国有一个叫比尔的推销员，有一次，一位客户对他说：“比尔，我不能再向你订购发动机了！”

“为什么？”比尔吃惊地问。

“因为你们的发动机温度太高了，我都不能用手去摸它们。”

如果在以往，比尔肯定要与客户争辩，但这次他打算改变方式，于是他说：“是啊！我百分之百地同意您的看法，如果这些发动机温度太高，您当然不应该买它们，是吗？”

“是的。”客户回答。

“全国电器制造商规定，合格的发动机可以比室内温度高出华氏 72 度，对吗？”

“是的。”客户回答。

比尔并没有辩解，只是轻描淡写地问了一句：“你们厂房的温度有多高？”

“大约华氏 75 度。”这位客户回答。

“那么，发动机的温度就大概是华氏 147 度，试想一下，如果您把手伸到华氏 147 度的热水中，你的手不就要被烫伤了吗？”

“我想你是对的。”过了一会儿，客户把秘书叫来，订购了大约 4 万英镑的发动机。

情绪管理是每一个人都应该必修的课程，对于从事销售的人尤其如此。面对客户的抱怨，销售人员首先要做的就是控制自我情绪，避免感情用事，即使客户的抱怨是鸡蛋里挑骨头甚至无理取闹，销售人员都要控制好自己的情绪，对客户展开最真诚的笑容，用温和的态度和语气进行解释。解释之前一定要先对客户表示歉意和认同，这就是继控制自己情绪之后的第二个步骤：影响客户的情绪，化解他的不满。

在面对客户的抱怨时，销售员最忌讳的是回避或拖延问题，要敢于正视问题，以最快的速度予以解决。站在客户的立场思考问题，并对他们的抱怨表示感谢，因为他们帮助自己提高了产品或服务的质量。

记住，微笑和真诚永远是解决问题的最好方式。微笑多一些，态度好一些，解决问题的速度快一些，就会圆满解决问题。化干戈为玉帛，化抱怨为感谢，化质疑为信赖。抱怨的客户反而很可能会成为你永远的客户。

承诺的事情一定要做到

销售心理学一点通：承诺的事情一定要做到，这不仅是一件光彩的事，而且是事业成功的基础。

你的每一个承诺就是一张契约，而所有的契约都是义务。虽然签订的合法契约能够收回，但那不是件容易的事。同样，收回承诺也不是件容易的事。

某电话销售人员的一位客户第二天过生日，电话销售人员在电话中承诺要送花篮给客户。没想到，第二天下起了瓢泼大雨，电话销售人员本不想出门，但考虑到向客户的承诺，经过激烈的思想斗争，还是拿起雨衣，带上花篮，开着摩托车，冲进了滂沱大雨中。

大雨下个不停，乡间小路越来越泥泞，突然，车熄火了。站在雨中，看着熄火的摩托车，电话销售人员很想放弃，但想到了自己的承诺，他便推着车，继续往前走。40分钟后，当电话销售人员浑身上下水淋淋、一身泥泞地站在客户家的门口时，客户深深地感动了。

类似的事情可能是发生在千千万万名电话销售人员身上的一件很平常的事情，而促使这些销售人员这样做的动力就是：向客户承诺的就一定要做到。

的确，承诺的事情一定要做到，这不仅是一件光彩的事，而且是事业成功的基础！一般情况下，履行自己的诺言应该做到以下三点：

1. 不做过多承诺

每个工作人员都希望自己公司的产品能够被客户认可，因此，在介绍产品时，会尽量突出产品的各种优势和公司良好的声誉，如果过分地吹捧自己的产品和公司，夸大产品的性能和质量，甚至掩盖产品的缺点或将产品的缺点说成优点，也许能够一时蒙骗客户，使客户上当购买，但长此以往终究会给公司造成不可挽回的损失。

2. 做一个守时的人

业务员不管什么时候与客户相约，宁可早到也不要迟到，更不能无故缺席。假如你确实无法遵守你的承诺，你可以打个电话、写信，或亲自告诉你的客户，让他知道真正的原因。告诉你的客户：“我知道我答应下午 3 点去看你，可是因为有点儿事，我们可不可以另外约个时间。”这要比完全破坏你的承诺好多了。而违背你的承诺会破坏你在客户心中的印象。

如果拜访前，客户提出需要一些产品（项目）的文件资料，既然承诺，无论如何都要亲自交到对方手中，只有迫不得已时才委托他人，资料假如流失而没交到客户手中，公司的信誉将大打折扣，本还有一丝希望的生意可能就要泡汤了。

3. 谈判成功后也要信守承诺

谈判成功以后，你需要列出一个详细承诺清单，这个清单应该尽可能的详细，不仅包括需要你自己亲自去做的工作，而且还要包括公司相关部门协作完成的工作。凡是你自己许下的承诺，毫无疑问应该保质、保量、保时履行；凡是公司相关部门协作完成的工作，你也应该留心这些承诺履行的情况，及时做好协调工作，尽可能地按质、按量、按时完成。

兑现承诺可以使别人对你建立起信心。如果不履行你的诺言，不仅动摇了别人对你的信心，同时还可能伤了一个人的心。对于客户提出的许多要求，我们一贯的原则是“少许诺，多兑现”。如果你向客户进行了许诺，那就一定要尽全力去实现，否则就会失去客户对你的信任，而信任感对于营销人员来说极其宝贵。

明确拒绝不合理的要求

销售心理学一点通：很多时候，客户提出了过分的要求或者你满足不了客户所要求的服务时，你应该及时予以拒绝。

一次，一家公司的推销员在跟一个大买主推销，突然这位客户要求看该汽车公司的成本分析数字，但这些数字属于公司的绝密资料，是不能给外人看的。而如果不给这位客人看，势必会影响两家和气，甚至会失掉这位大买主。

这位推销员一下子僵在那儿，他支吾了半天，说："那，那好吧！可是，这样不行……"

客户看到他犹豫不决的样子，以为他毫无诚意，拂袖而去。

推销员最终失去了这个大客户。

其实，很多时候，客户提出了过分的要求或者你满足不了客户所要求的服务时，你应该及时予以拒绝。当然，拒绝别人的请求，否定对方的意见，需要一定的技巧：既要使对方接受你的意见，又不伤害对方的自尊心。

有的人在推销中不肯轻易对对手说"不"，因为怕伤了对方的感情，也怕推销失败。尤其对那些急于从推销中获得一点儿什么的推销者来说，说"是"都来不及，哪里有说"不"的勇气！但是这样往往会适得其反。

怎样拒绝既能不违背你的原则、不损害公司利益，又能让客户接受呢？下面的几种技巧可以一试。

1. 用委婉的口气拒绝

拒绝客户，不要咄咄逼人，有时可以采用委婉的语气拒绝他，这样才不至于使双方都很尴尬。总之，对客户不合理的要求予以拒绝实际上是对客户的一种负责，因为企业不可能长期对客户提供额外、不合理的服务。企业应该把有限的资源和精力放在自己应做的事情上。

2. 用同情的口气拒绝

最难拒绝的人是那些只向你暗示和唉声叹气的人。但是，你若必须拒绝，用同情的口气效果可能会好一些。

3. 用赞扬的口气拒绝

拒绝的最好做法是先赞扬对方。例如当顾客提出一些不合理的要求时，你感到直接拒绝会影响生意，就可以使用赞扬的口气，先称赞对方一番，再拒绝他的不合理要求。这样就不会让对方觉得不快，也不会伤害他的自尊。

4. 用商量的口气拒绝

如果你的顾客抱怨商品价格太高，想打个折扣，而公司是不允许这样做的时候，你可以这样说："太对不起了，现在没有商品打折的活动，等以后有这方面的活动，我一定会在第一时间通知你，好吗？"这句话要比直接拒绝好得多。

当然，拒绝的方法还有很多种，比如用沉默表示"不"，用拖延表示"不"，等等。但无论如何，你要选择适当的时机、适当的技巧表示拒绝。

一位律师曾经帮助一名房地产商人进行出租大楼的谈判，由于他知道在何时说“不”，以及怎样恰当地说“不”，从而取得了不俗的效果。

当时有两家实力雄厚的大公司对这座大楼都表示出了浓厚的兴趣，两家公司都希望将公司迁到地理位置较好、内外装修豪华的地方。

律师思考一番后，先给A公司的经理打电话说：“经理先生，我的委托人经过考虑之后，决定不做这次租赁生意了，希望我们下次合作愉快。”然后，他给B公司的老板打了同样的电话。

两家公司的老板都很纳闷，于是当天下午，他们几乎同时来到房地产公司，一番讨价还价之后，A、B两家公司以原准备租用8层的价码分别租用了4层。很显然，房地产公司的净收入增加了一倍，相应地，律师的报酬也增加了一倍。

这也告诉我们，只要在恰当的时间说“不”，就更有可能在成交之际让客户说“是”。

推销本身就充满了机遇与挑战，在渠道沟通中，正如一位推销专家说的：“推销是满足双方参与彼此需要的合作而利己的过程。在这个过程中，由于每个人的需要不同，因而会呈现出不同的行为表现。虽然我们每个人都希望双方能在谈判桌上配合默契，你一言，我一语，顺利结束推销，但是推销中毕竟是双方利益冲突居多，彼此不满意的情况时有发生，因此，对于对方提出的不合理条件，就要拒绝它。”

善于制造紧张气氛

销售心理学一点通：适时地制造紧张气氛，让顾客觉得他的选择绝对是正确的，如果现在不买，以后也就没有机会了。你只要能让他产生这样的心理，不怕他不与你签约。

人们都有一种害怕失去或者错过时机的心理。利用这个心理有一个重要的前提：必须让客户认识到他所面临的购买时机是最好的时机，一旦错过就不会再有。玛丽·柯蒂奇就是善于为客户制造紧张气氛而使自己成为全美声名显赫的房地产经纪人的。

下面是玛丽的一个经典案例，她在 30 分钟之内卖出了价值 55 万美元的房子。

玛丽的公司在佛罗里达州海滨，这里位于美国的最南部，每年冬天，都有许多北方人来这里度假。1993 年 12 月 13 日，玛丽正在一处新转到她名下的房屋里参观。当时，他们公司有几个业务员与她在一起，参观完这间房屋之后，他们还将去参观别的房子。

就在他们在房屋里进进出出的时候，看见一对夫妇也在参观房子。这时，房主对玛丽说：“玛丽，你看看他们，去和他们聊聊。”

“他们是谁？”

“我也不知道。起初我还以为他们是你们公司的人呢，因为你们进来的时候，他们也跟着进来了。后来我才看出，他们并不是。”

“好。”玛丽走到那一对夫妇面前，露出微笑，伸出手说：“嗨，我是玛丽·柯蒂奇。”

“我是彼特，这是我太太陶丝，”那名男子回答，“我们在海边散步，看见有房子参观，就进来看看，我们不知道是否冒昧了？”

“非常欢迎，”玛丽说，“我是这房子的经纪人。”

“我们的车子就放在门口。我们从西弗吉尼亚来度假。过一会儿我们就要回家去了。”

“没关系，你们一样可以参观这房子。”玛丽说着，顺手把一份资料递给了彼特。

陶丝望着大海，对玛丽说：“这儿真美！这儿真好！”

彼特说：“可是我们必须回去了，要回到冰天雪地里去，真是一件令人难受的事情。”

他们在一起交谈了几分钟，彼特掏出自己的名片递给了玛丽，说：“这是我的名片。我会给你打电活的。”

玛丽正要掏出自己的名片给彼特时，忽然停下了手，“听着，我有一个好主意，我们为什么不到我的办公室谈谈呢？非常近，只要几分钟就能到。你们出门往右，过第一个红绿灯，左转……”

见他们微微点头，玛丽便抄近路走到自己的车前，并对那一对夫妇喊：“办公室见！”

车上坐了玛丽的两名同事，他们一起往玛丽的办公室开去。等他们的车子停稳，他们发现停车场上有一辆凯迪拉克轿车，车上装满了行李，正是刚才那对夫妇的车子。

在办公室，彼特开始提出一系列的问题。

“这间房子上市有多久了？”

“在别的经纪人名下6个月，但今天刚刚转到我的名下。房主现在降价求售。我想应该很快就会成交。”玛丽回答。她看了看陶丝，然后盯着彼特说：“很快就会成交。”

这时候，陶丝说：“我们喜欢海边的房子。这样，我们就可经常到海边散步了。”

“所以，你们早就想要一个海边的家了！”

“嗯，彼特是股票经纪人，他的工作非常辛苦。我希望他能够多休息休息，这就是我们每年都来佛罗里达的原因。”

“如果你们在这里有一间自己的房子，就更会经常来这里，并且还会更舒服一些。我认为，这样一来，不但对你们的身体有利，你们的生活质量也将会大大提高。”

“我完全同意。”

说完这话，彼特就沉默了，他陷入了思考。玛丽也不说话，她等着彼特开口。

“房主是否坚持他的要价？”

“这房子会很快就卖掉的。”

“你为什么这么肯定？”

“因为这所房子能够眺望海景，并且，它刚刚降价。”

“可是，市场上的房子很多。”

“是很多。我相信你也看了很多。我想你也注意到了，这所房子是很少拥有车库的房子之一。你只要把车开进车库，就等于回到了家。你只要登上楼梯，就可以喝上热腾腾的咖啡。并且，这所房子离几个很好的餐馆很近，走路几分钟就到。”

彼特考虑了一会儿，拿了一支铅笔在纸上写了一个数字，递给玛丽：“这是我愿意支付的价钱，一分钱都不能再多了。不用担心付款的问题，我可以付现金。如果房主愿意接受，我感到很高兴。”

玛丽一看，只比房主的要价少一万美元。

玛丽说：“我需要你拿一万美元作为定金。”

“没问题。我马上给你写一张支票。”

“请你在这里签名。”玛丽把合同递给彼特。

整个交易的完成，从玛丽见到这对夫妇，到签好合约，时间还不到30分钟！

适时地制造紧张气氛，让顾客觉得他的选择绝对是正确的，如果现在不买，以后也就没有机会了。你只要能调动客户，让他产生这样的心理，不怕他不与你签约。

稀缺法则在人们的生活中发挥着非常重要的作用，有时未必是人们的必需品，但制造稀缺效应会倍增事物的价值，优秀的销售员会在客户对于性价比的要求中，制造紧俏的假象，加速客户做决定的频率。这是一种高明的销售技巧，如果运用得当效果相当明显，值得广大销售员借鉴推广。

第四章

销售是与顾客沟通的过程

——掌握顾客心理，逐步销售

客户拒绝时怎么办

销售心理学一点通：推销时挖掘客户的消费需求，是应对客户拒绝的绝佳方法。

当客户对你说出拒绝的话语时，一个成熟而有经验的行销人员会通过有策略的交谈，巧妙突破客户的防线，从而开发出客户的潜在需求。推销时挖掘客户的消费需求至关重要。

肯特是一家人寿保险公司的推销员。当肯特按照上一次电话中约定的时间与某公司的总经理安德森先生进行电话跟进时，安德森先生的回应很平淡。

安德森先生："我想你今天还是为了那份团体保险吧？"

肯特："是的。"

安德森先生："对不起，打开天窗说亮话，公司不准备买这份保险了。"

肯特："安德森先生，您是否可以告诉我到底为什么不买了呢？"

安德森先生："因为公司现在赚不到钱，要是买了那份保险，公司一年要花掉1万美元，这怎么受得了呢？"

肯特："除了这个原因，还有什么其他让您觉得不适合购买的原因吗？可否把您心里的想法都告诉我？"

安德森先生："当然，是还有一些其他的原因……"

肯特："我们是老朋友了，您能告诉我到底是什么原因吗？"

安德森先生："你知道我有两个儿子，他们都在工厂里做事。两个小家伙穿着工作服跟工人一起工作，每天从早上8点忙到下午5点，干得不亦乐乎。要是购买了你们的那种团体保险，如果不幸身故，岂不是把我在公司里的股份都丢掉了？那我还留什么给我儿子？工厂换了老板，两个小家伙不是要失业了吗？"

（真正的原因总算被挖出来了，所有开始时的理由只不过是借口，真正的原因是受益人之间的问题，可见这笔生意还没有泡汤。）

肯特："安德森先生，因为您儿子的关系，您现在更应该做好保险计划，让儿子将来更好地生活。我现在就上您那儿去，咱俩一起把原来的保险计划做个修改，使您两个儿子变成最大的受益人。这样一来，无论父亲还是儿子，哪一方发生意外都可以享受到全部的好处。"

安德森先生："好吧，如果能达到这个要求，我倒可以考虑签单。”

挖掘客户的消费需求，就是要让他觉得眼前的商品可以给他带来远远超出商品价值之外的东西。每位顾客由于其年龄、性别、职业、文化程度、消费知识和经验的差异，他们在购买商品时，会有不同的购买动机和消费需求，因此，他们所要求得到的服务也不同，销售人员面对每一位顾客都要细心观察，热情、细致地为他们提供所需要的服务。

当客户拒绝产品时，一个有经验的销售人员通常会采取旁敲侧击的迂回战术牵引客户的思维，而非继续滔滔不绝地谈论产品的卖点，以期引起客户的注意或者干脆放弃。客户的消费需求要推销员去开发，聪明的推销员会在无意中给顾客限制选择的权利或者是让消费者做出有利于推销员的选择。要想占有更大的市场，就要求推销员不断开发客户的需要。

客户嫌贵时怎么办

销售心理学一点通：在销售中，行销人员若善于运用数字技术就可以化解顾客的价格异议。

价格异议是任何一个推销员都遇到过的情形。比如“太贵了”“我还是想买便宜点儿的”“我还是等价格下降时再买这种产品吧”等。对于这类反对意见，如果你不想降低价格的话，你就必须向对方证明，你的产品的价格是合理的，是产品价值的正确反映，使对方觉得你的产品物有所值。

一位推销员正在向客户电话推销一套价格不菲的家具。

客户："这套家具实在太贵了。"

推销员："您认为贵了多少？"

客户："贵了1000多元。"

推销员："那么咱们现在就假设贵了1000元整，先生您能否认可？"

客户："可以认可。"

推销员："先生，这套家具您肯定打算至少用10年以上再换吧？"

客户："是的。"

推销员："那么就按使用10年算，您每年也就是多花了100元，您说是不是这样？"

客户："没错。"

推销员："1年100元，那每个月该是多少钱？"

客户："喔！每个月大概就是8元多点儿吧！"

推销员："好，就算是8.5元吧。您每天至少

要用两次吧，早上和晚上。”

客户：“有时更多。”

推销员：“我们保守估计为每天两次，那也就是说每个月您将用 60 次。所以，假如这套家具每月多花了 8.5 元，那每次就多花不到 1.5 角。”

客户：“是的。”

推销员：“那么每次不到 1.5 角，却能够让您的家变得整洁，让您不再为东西没合适地方放而苦恼。而且还起到装饰作用，您不觉得很划算吗？”

客户：“你说得很有道理，那我就买下了。你们是送货上门吧？”

推销员：“当然！”

在销售中，运用数字技术就可以化解顾客类似的价格异议。这个案例就是其中的典型代表。案例中，推销员向客户推销一套价格昂贵的家具，客户认为太贵了，这时候推销员需要做的就是淡化客户的这种印象。于是，推销员开始运用自己高超的数字技术，他先假设这套家具能够使用 10 年，然后把客户认为贵了的 1000 多元分摊到每年、每月、每天、每次，最后得出的数据为每次不到 1.5 角，这大大淡化了客户“太贵了”的印象，最后成功地售出了这套昂贵的家具。

可见，推销员在与客户的沟通中，如果能够在回答潜在客户的问题时自然地采用数字技术，那么成交也就不再是难事了。

客户心存疑虑怎么办

销售心理学一点通：打消客户的疑虑，真诚的解释是一种好方法。

在商务沟通中，消除客户的疑虑是非常重要的，当客户对你的询问表示要考虑时，你必须用你的真诚消除客户的疑虑，只有当客户对你的产品或服务完全相信，没有任何疑虑时，你的沟通才算是成功的，最终才能达到成交的目的。

销售人员："您好！韩经理，我是 ×× 公司的 ×××，今天打电话给您，主要是想听听您对上次和您谈到购买电脑的事情的建议。"

客户："啊，你们那台电脑我看过了，品牌也不错，产品质量也还好，不过我们还需要考虑考虑。"

（客户开始提出顾虑，或者说是异议。）

销售人员："明白，韩经理，像您这么谨慎的负责人做事考虑得都会十分周全。只是我想请教一下，你考虑的是哪方面的问题？"

客户："你们的价格太高了。"

销售人员："您主要是与什么比呢？"

客户："你看，你们的产品与 ×× 公司的差不多，而价格却比对方高出 1000 多块钱呢！"

销售人员："我理解，价格当然很重要。韩经理，您除了价格

以外，买电脑，您还关心什么？”

客户：“当然，买品牌电脑我们还很关心服务。”

销售人员：“我理解，也就是说服务是您目前最关心的一个问题，对吧？”

客户：“对。”

销售人员：“您看，就我们的服务而言……您看我们的服务怎么样？”

客户：“你们的技术支持工程师什么时候下班？”

（客户还是有些问题，需要解释，这是促成的时机。）

销售人员：“一般情况下，晚上11点！”

客户：“11点啊。”

（听到客户有些犹豫。）

销售人员：“是这样的，也是考虑到商业客户一般情况下9点钟都休息了，所以才设置为 11 点的，您认为怎么样？”

客户：“还好。”

（客户开始表示认同，这就等于发出了购买信号，这时可以进入促成阶段了。）

销售人员：“韩经理，既然您也认可产品的质量，对服务也满意，您看我们的合作是不是就没有什么问题了呢？”

客户：“其实吧，我是在考虑买兼容机好一些呢，还是买品牌机好一些，毕竟品牌机太贵了。”

（客户有新的顾虑，这很好，只要表达出来，就可以解决。）

销售人员：“当然，我理解韩经理这种出于为公司节省采购成本的想法，这个问题其实又回到我们刚才谈到的服务上。我担心的一个问题是，您买了兼容机回来，万一这些电脑出了问题，您不能得到很好的售后服务保障的话，到时带给您的可能是更大的麻烦，对吧？”

客户：“对呀，这也是我们为什么想选择品牌机的原因。”

（客户认同销售人员的想法，这是促成的时机。）

销售人员：“对、对、对，我完全赞同韩经理的想法，您看关于我们的合作……”

客户：“这事，您还得找采购部人员，最后由他们下单购买。”

销售人员：“那没关系，我知道韩经理您的决定还是很重要的，我的理解就是您会考虑使用我们的电脑，只是这件事情还需要我再与采购部人员谈谈，对不对？”

在这个案例中，销售人员成功地消除了客户的疑虑，最终取得了成功。

在进行产品介绍和要求订货时，大多数客户总会对产品心存疑虑。他们担心的问题可能是客观存在的，也可能只是心理作用。销售人员应该采取主动的方式，发现客户的疑问，并打消客户的疑虑。

例如，他们说："我还是再考虑考虑。"这只不过是一种推托之语，销售人员追问一句，他们往往会说："如果不好好考虑……"这还是一种委婉的拒绝。怎样才能把他们那种模棱两可的说法变成肯定的决定，这就是销售人员应该来完成的事。

当客户说："我再好好考虑……"

销售人员就应表现出一种极其诚恳的态度对他说："你往下说吧，不知是哪方面原因，是有关我们公司方面的吗？"

若客户说："不是，不是。"

那么销售人员马上接下去说："那么，是由于商品质量不高的原因？"

客户又说："也不是。"

这时销售人员再追问："是不是因为付款问题使您感到不满意？"追问到最后，客户大都会说出自己"考虑"的真正原因："说实在话，我考虑的就是你的付款方法问题。"

不断地追问，一直到他说出真正的原因所在。当然，追问也必须讲究一些技巧，而不可顺口答话。例如，销售人员接着他的话说:“您说得也有道理，做事总得多考虑一些。”这样一来，生意成功的希望则成为泡影。

转变客户的需求标准

销售心理学一点通：销售员想让客户改变需求标准时，应站在客户的立场上，想客户之所想，启发客户选择最佳需求标准。

张平:“我听说您有意向我们公司买一辆货车，我想我也许能帮上您的忙。”

客户:“我想买一辆 2 吨位的货车？”

张平:“2 吨有什么好的？万一货物太多，4 吨不是很实用吗？”

客户:“我们也得算经济账啊！这样吧，以后我们有时间再谈。”

（此时，推销明显有些进行不下去了，如果张平没有应对策略也许就到此为止了，但张平不愧是一位销售高手。）

张平:“您运的货物每次平均重量一般是多少？”

客户:“很难说，大约 2 吨吧。”

张平:“是不是有时多，有时少呢？”

客户:“是这样。”

张平:“究竟需要什么型号的车，一方面看货物的多少，另一方面要看在什么路上行驶。您那个地区是山路吧？而且据我所知，如果路况并不好，那么汽车的发动机、车身、轮胎承受的压力是不是要更大一些呢？”

客户："是的。"

张平："您主要利用冬季营运吧？那么，这对汽车的承受力是不是要求更高呢？”

客户："对。"

张平："货物有时会超重，又是冬天里在山区行驶，汽车负荷已经够大的了，您们在决定购车型号时，连一点儿余地都不留吗？”

客户："那你的意思是……"

张平："您难道不想延长车的寿命吗？一辆车满负荷甚至超负荷，另一辆车从不超载，您觉得哪一辆寿命更长？”

客户："嗯，我们决定选用你们的4吨车了。"

就这样，张平顺利地卖出了一辆4吨位的货车。

在这个案例中，我们看到，张平负责推销4吨位货车，而顾客想要2吨位的货车，因此在谈话刚刚开始，张平就遭到了客户的拒绝，"以后我们有时间再谈"。这是客户做出的决策，是不容易改变的，这时候，如果张平没有应对的策略，那么谈话也就到此结束了。

"您运的货物每次平均重量一般是多少？”通过这么一句感性的提问，聪明的销售员把客户的思维拉了回来。在下面交谈中，张平做了一个重要的工作：那就是影响客户的需求标准！让客户自己制定对销售人员有利的需求标准。

谈到对我们有利的需求标准，我们应该知道自己的独有销售特点。独有销售特点是公司与竞争对手不同的地方，也就是使公司与竞争对手区别开来的地方。独有销售特点可能是与公司相关的，也可能是与公司的产品相关的，也可能是与销售人员相关的，总之，一定要做到与众不同。与众不同将使公司更具有竞争优势。知道了自己的与众不同之处后，再与客户在电话中交流时，就尽可能地将客户认为重要的地方引导到自己的独有销售特点上，通过转变客户的需求来影响客户的决策。

当然，我们在电话中与客户谈独有销售特点时，重点应放在独有销售特点所带给客户的价值上。

总的来说，销售员在销售期间，仔细倾听客户的意见，把握客户的心理，这样才能保证向客户推荐能够满足他们需要的商品，才能很容易地向客户进一步传递商品信息，而不是简单地为增加销售量而推荐商品。转变客户的需求标准来实施销售就是要站在客户的立场上，想客户之所想，这样才能成功成交。

不放弃未成交的客户

销售心理学一点通：不少销售人员常常犯一个错误，他们强调通过售后服务等手段与已成交顾客建立关系，却忽视了未成交的客户。

做客户开发的工作总会有许多意想不到的阻力，比如遇到特别难缠的客户或遭遇别人的白眼，这些都很常见。一帆风顺的客户管理工作是不可能有的，否则就不会有到处抱怨客户工作难做的人。

有的销售人员总说：“客户太难找了，好不容易接近一个人，却又不要我们的产品！”若果真如此，客户都跑到哪儿去了呢？其实，我们要做的仅仅是再坚持一下，不要因为一次挫折、一次失败就放弃那些对我们不怎么感兴趣的客户。

并非每一次销售都能成功，对于销售人员来说，未成交客户的数量远远大于成交客户的数量。不少销售人员常常犯一个错误，那就是他们强调通过售后服务等手段与已成交顾客建立关系，却忽视了未成交的客户。其实，与未成交的客户建立良好的关系同样十分必要，主要表现在：

1. 只要是我们的潜在客户，即使没有成交也不能放弃

所谓潜在客户就是：第一，他们需要我们的产品和服务；第二，他们有购买力。没有成交的原因是多种多样的，有的是暂时还不需要，但一段时间以后会有此种需求；有的是已有稳定的供货渠道；有的则纯粹是由于观望而犹豫不定，等等。但是，情况是在不断变化的，一旦成交障碍消失，潜在客户就会采取购买行动。如果销售人员在实效访问失败之后，没有着手建立联系，那么就无法察觉情况的变化，就不能抓住成交的机会。

2. 要有锲而不舍的精神，多和未成交客户联系

为了说服某一客户购买保险，销售人员常常要做第二次、第

三次，甚至更多次访问。每一次访问都要做好充分的准备，尤其要了解客户方面的动态。而了解客户最好的方法莫过于直接接触客户。如果第一次访问之后，销售人员不主动与客户联系，就难以获得更有价值的信息，就不能为下一次访问制订恰当的策略。如果一个销售人员在两次拜访之间不能随时掌握客户的动态，那么，下一次拜访时，他就会发现：重新修改的服务方法必须再次进行修改。

3. 和未成交客户做朋友，改变他们对我们企业、产品的看法

比如一位对某项产品一直有成见的客户，起初拒绝的态度相当强硬。但是有个销售人员始终没有放弃她，而是努力接近她，同她谈生活、理想，就是不谈要她买安利的产品。最后客户反倒忍不住了，向销售人员问起安利的状况。于是，一场改变他态度的谈话开始了。

所以，对于拒绝我们的客户，我们在心理上要有接受失败的准备，不可因

为挫折而灰心丧气，始终都要抱一颗积极的心，随时准备走向客户的心门。

以过硬的专业知识赢得信任

销售心理学一点通：无论在销售过程中，还是售后的服务中，一个出色的销售人员应具备过硬的专业知识。

如果你是一位电脑公司的客户管理人员，当客户有不懂的专业知识询问你时，你的表现就决定了客户对你的产品和企业的印象。

一家车行的销售经理正在打电话销售一种用涡轮引擎发动的新型汽车。在交谈过程中，他热情激昂地向他的客户介绍这种涡轮引擎发动机的优越性。

他说："在市场上还没有可以与我们这种发动机媲美的，它一上市就受到了人们的欢迎。先生，你为什么不试一试呢？"

对方提出了一个问题："请问汽车的加速性能如何？"他一下子就愣住了，因为他对这一点非常不了解。理所当然，他的销售也失败了。

试想，一个销售化妆品的人对护肤的知识一点儿都不了解，只是想一心卖出其产品，那结果注定会失败。

房地产经纪人不必去炫耀自己比别的任何经纪人都更熟悉市

区地形。事实上，当他带着客户从一个地段到另一个地段到处看房的时候，他的行动已经表明了他对地形的熟悉。当他对一处住宅做详细介绍时，客户就能认识到销售经理本人绝不是第一次光临那处房屋。同时，当讨论到抵押问题时，他所具备的财会专业知识也会使客户相信自己能够获得优质的服务。前面的那位销售经理就是因为没有丰富的知识使自己表现得没有可信性，才使他的推销失败，而想要得到回报，你必须努力使自己成为本行业各个业务方面的行家。

那些定期登门拜访客户的销售经理一旦被认为是该领域的专家，他们的销售额就会大幅度增加。比如，医生依赖于经验丰富的医疗设备推销代表，而这些能够赢得他们信任的代表正是在本行业中成功的人士。

不管你推销什么，人们都尊

重专家型的销售经理。在当今的市场上，每个人都愿意和专业人士打交道。一旦你做到了，客户会耐心地坐下来听你说那些想说的话。这也许就是创造销售条件、掌握销售控制权最好的方法。

除了对自己的产品有专业知识的把握，有时我们也要对客户的行业有大致了解。

销售经理在拜访客户以前，对客户的行业有所了解，这样，才能以客户的语言和客户交谈，拉近与客户的距离，使客户的困难或需要立刻被觉察而有所解决，这是一种帮助客户解决问题的推销方式。例如，IBM 的业务代表在准备出发拜访某一客户前，一定先阅读有关这个客户的资料，以便了解客户的营运状况，增加拜访成功的机会。

莫妮卡是伦敦的房地产经纪人，由于任何一处待售的房地产可以有好几个经纪人，所以，莫妮卡如果想出人头地的话，只有凭着丰富的房地产知识和服务客户的热诚。莫妮卡认为：“我始终掌握着市场的趋势，市场上有哪些待售的房地产，我了如指掌。在带领客户察看房地产以前，我一定把房地产的有关资料准备齐全并研究清楚。”

莫妮卡认为，今天的房地产经纪人还必须对“贷款”有所了解。“知道什么样的房地产可以获得什么样的贷款是一件很重要的事，所以，房地产经纪人要随时注意金融市场的变化，才能为客户提供适当的融资建议。”

一个销售员对自己产品的相关知识都不了解的话，一定没有哪个客户会信任他。当我们能够充满自信地站在客户面前，无论是他有不懂的专业知识要咨询，还是想知道市场上同类产品的性能，我们都能圆满解答时，才算具备了过硬的专业知识。

化僵局为妙棋的心理对策

销售心理学一点通：被拒绝就是僵局，销售人员要有化僵局为妙棋的能力。

在销售中遭到拒绝，对于一个销售员来说都是家常便饭。但是，被拒绝不单是心里不好受，还与经济收入直接挂钩，这就需要我们掌握一些必备的应对策略，化僵局为好棋。

1. 客户说没兴趣，不需要

这是销售员听到的最多的拒绝语言，因为这几乎是客户的口头禅。但这个口头禅恰恰又是销售人员让客户养成的，因为大部分销售人员喜欢一来就推销产品。对于来路不明、不熟悉的人和产品，客户的第一反应肯定是不信任，所以很自然地就以没兴趣、不需要为由拒绝了。建立信任是推销的核心所在，无法赢得信任就无法推销，没有信任的话你说得越精彩，客户的心理防御就会越强。特别是诓骗虚假之词更是少用为好，因为在成交之前，客户对你说的每一句话都会抱着审视的态度，如果再加上不实之词，其结果可想而知。

所以，避免此类拒绝最好的方式就是在最开始的时候尽一切可能增加和坚定顾客的信任度。无论是产品的质量、个人的态度、举止、形象都要让人觉得可靠。

2. 客户说我现在很忙，以后再说吧

这种拒绝虽然出于好意，却很难让人琢磨透。有的是真的很忙，但大多数时候只是一个很温柔的拒绝，对于这种拒绝，我们可以这么说："我知道，时间对于每个人来说都是非常宝贵的。这样吧，为了节约时间，我们只花两分钟来谈谈这件事情。如果两分钟之后，您不感兴趣，我立即出去，再也不打扰您了，可以吗？"

3. 客户说我们现在还没有这个需求

社会在变化，需求也在不断地变化。今天不需要，并不代表明天不需要；暂时不需要，不代表永远不需要。所以有些需求是潜在的，关键在于你是否能把他沉睡的购买欲望给唤醒。有时候经常会存在这样一种状况，当你被人以"我们现在还没有这个需求"拒绝之后，第二天却发现这个客户竟然在另外一家公司购买了同样的产品。

心理学家在分析一个人是否购买某一商品时，得出了这么一个结论：人们的购买动机通常有两个，一个是购买时这个产品能给自己带来怎样的快乐享受；另一个是如果不购买自己会遭受怎样的损失和痛苦。将这两个动机攻破了，客户的拒绝碉堡也就自然攻破了。

4. 客户说我们已经有其他供应商了

当客户告诉销售人员"我们已经有其他的供应商了"，这往往是真实的情况。但这并不意味着销售员就完全没有机会了，恰恰相反，销售员还有很多的机会。因为当客户正在使用其他供应商提供的某一产品时，正好说明这个客户已经认可了这个产品。这样就不用我们的销售员花时间来反复陈述某一产品能给客户带来怎样的好处，而只需很巧妙地告诉客户自己的产品与客户正在使用的产品存在哪些差异，而这些差异又会给他带来怎样的好处，最后让客户自己去权衡。一家企业在考虑与谁合作的时候，考虑最多的还是利益。如果销售员非常自信自己的产品较之客户正在使用的产品更有优势的话，那么自己就随时有机会取代客户现有的供应商。

5. 客户说你们都是骗子

当客户说这句话的时候，销售员也别先恼，这说明客户曾经受到过伤害。一朝被蛇咬，十年怕井绳，曾经的阴影让他们太刻骨铭心了。如果这个心结不打开的话，想把类似的产品销售给他几乎是不可能的事情。但是这并不等于这个客户不需要此类产品。在这种情况下，销售员可以试着和他一起找原因，如果是销售员的原因，就真诚地向客户道歉，必要时适当补偿对方的损失。只要对方的心结打开了，生意也就可以继续了。

6. 客户说你们的产品没什么效果

客户这么说的话，实际上已经否定了销售员的产品，并将此类销售打入“黑名单”。这个问题有些棘手。销售员必须站在客户的立场考虑问题，在第一时间内承认错误，并积极地寻找问题

的根源。让客户明白自己的公司已经今非昔比，过去的不代表现在，并想办法解决这个问题。

7. 客户说你们的价格太高了

客户说这样的话，严格来说还谈不上是一种拒绝，这实际上是一种积极的信号。因为这意味着在客户的眼里，除了“价格太高”之外，客户实际上已经接受了除这个因素之外的其他各个方面。

这个时候，立即与客户争辩或者一味降价都是十分不理智的。销售员需要及时告诉客户自己马上与领导商量，尽量争取给一个优惠的价格，但暗示有困难。等再次与客户联系的时候，再告诉客户降价的结果来之不易。降价的幅度不需要太大，但要让客户感觉到利润的空间真的很小，销售方已经到了没有钱赚的边缘。或者询问客户与哪类产品比较后才觉得价格高，因为有很多客户经常拿不是同一个档次的产品进行比较。通过比较，让客户明白一分钱一分货的道理，最终愿意为高质量的产品和服务多付一些钱。

让“反对问题”成为卖点

销售心理学一点通：很多时候，客户的一些反对问题也能成为行销的独特卖点。

一些行销人员在遇到客户提出一些负面问题，或者是指出产品的缺点时，就慌忙进行掩盖，结果越掩盖越是出现问题。其实，很多时候，客户的一些反对问题也能成为行销的独特“卖点”。

让“反对问题”成为卖点是一种很棒的销售技巧，因为它的说服力非常强。所谓“准客户的反对问题”有两种：一个是准客户的拒绝借口，一个是准客户真正的困难。不管是哪一种，只要你有办法将反对问题转化成你的销售卖点，你都能“化危机为转机”，进而成为“商机”。如果这是准客户的拒绝借口的话，他将因此没有借口拒绝你的销售；如果是准客户的真正困难所在，你不就正好解决了他的困难吗？他又有什么理由拒绝你的销售呢？

假如你向顾客推荐你所在银行的信用卡服务时，顾客说：“不用了，我的卡已经够多了。”

你可以这样回答说：“是的，常先生，我了解您的意思，就是因为您有好几张信用卡，所以我才要特别为您介绍我们这张‘××卡’，因为这张卡不管是在授信额度上、功能上或是便利性上，它都可以一卡抵多卡，省去您必须拥有多张卡的麻烦。”

如果客户说：“我现在没钱，以后再说吧。”

行销人员可以说："听您这么说，意思是这套产品是您真正想要的东西，而且价格也是可以接受的，只是没有钱。我想说的是既然是迟早要用的东西，为什么不早点儿买？早买可以早受益。而且，世界上从来就没有钱的问题，只有意愿的问题，只要您决定要，您就一定可以解决钱的问题。"

如果客户说："价格太高了。"

行销人员可以说："依您这么说，我了解到您一定对产品的品质是相当满意的，对产品的包装也没有异议，您心里一定也想拥有这套产品。既然对品质、包装、功效方面这些重要的事情上是满意的，就没有必要在乎价格的高低，有些时候，价格真的不重要。"

如果客户说："我想我现在不需要，需要的时候再找你吧。"

行销人员就可说："谢谢您对我的信任。听您的意思是说，现在不需要，以后肯定需要。那就是说您对产品的各个方面都是相当满意的，是吧？既然以后肯定需要，为何不现在买呢？我很难保证以后是不是可以以这么低廉的价格买到品质这么好的产品。"

假如顾客说："没有兴趣。"

行销人员就可说："是的，正因为您没有兴趣，我才会打电话给您。"

假如顾客说："我已经有同样的东西，不想再找新厂商了！"

行销人员就可说："依您这么说，您是觉得这种产品不错嘛！那您为什么不选择我们呢？我们公司可以提供您更优厚的运转资金条件，节省下来的资金费用正好可以付每个月的维修费用，每个月维修等于是免费的呢！”

假如，你的客户对你说：“我现在还不到30岁，你跟我谈退休金规划的事，很抱歉！我觉得太早了，没兴趣。”

行销人员就可以用让“反对问题”成为卖点的技巧回复他：“是的，我了解您的意思。只是我要提醒您的是，准备退休金是需要长时间的累积才能达成的，现在就是因为您还年轻，所以您才符合我们这项计划的参加资格。这个计划就是专门为年轻人设计的。请您想一想，如果您的父母现在已经五六十岁了，但是还没有存够退休金的话，您认为他们还有时间准备吗？所以，我们也就无法邀请他们参加了！”这样一来，客户就很可能被你的反对问题给说服了，而理所当然地愿意与你达成交易。

所以，在行销中，如果客户提出一个在一般人看来都是一条很充分的理由拒绝你时，你不妨采用让“反对问题”成为卖点的技巧，这样往往会让你有意外的收获。

为销售付出最完美的服务

销售心理学一点通：只有把销售融入服务当中，才能真正让服务发挥效果，为你的销售锦上添花。

销售是服务的孪生姐妹，销售和服务是相辅相成的，有好的服务，必有好的销售业绩。但是，如果我们的服务都仅仅是为了促进销售而做，那么一定不会有很好的效果。即便你这一回侥幸赚了一部分钱，也是因为客户第一次相信你，第二次，他绝不会再相信你。

经济学上可以将买卖分为“一次性博弈”和“重复性博弈”两种，在一次博弈中，博弈双方在没有强烈的道德与情感的因素约束下，参与人都会为自己当前的最大收益奋斗。如果我们将销售当作是一次性博弈，在这一情境下的销售员很可能就将服务当作为销售而做的功利性服务，只考虑当前的最大利益，为了成交当前的买卖而对消费者极尽贴心热情，一旦成交，便态度迥异。

然而，成功的销售一定是将与消费者之间的交易看作是多次的重复性的博弈。多次博弈与一次性博弈完全不同，它遏制了人们的绝对功利性，每一个参与人的行动都是小心翼翼的，因为他们知道自己不是一次博弈，他们需要为将来考虑。如果有谁在第一次博弈中就要尽卑鄙的手段，或者背叛，或者不诚实合作，那么他最终将面临由此带来的恶果。在销售中，如果不重视买和卖之间的重复性博弈，那么，你很难真正享受“服务”带给你的长期回报。

任何带有功利性、动用诡计的服务都不能让销售成为重复性博弈的过程。相反，不为销售而为客户做的服务，是一种真诚付出的欲望，只

有这种无私的服务才会打动客户的心，让客户愿意长期地与你合作。因此，对于销售员来说，只有把销售融入服务当中，才能真正让服务发挥效果，为你的销售锦上添花。

安娜是美国一家房地产公司顶尖的经纪人之一，她一年的销售额高达1000万美元。谈及自己获得高额销量的制胜法宝时，安娜只说了一句话：绝不只为销售而服务。

一天，一对夫妇从外地驾车来到罗克威市，想在罗克威买一栋房子并定居下来。经人介绍，这对夫妇找到安娜，安娜热情地接待了他们。

然而，安娜没有立刻带这对夫妇去看待售的房子，而是带他们参观社区、样板房，介绍当地的生活习惯、生活方式，并带这对夫妇参加小城的节日，让他们免费享受热狗、汉堡、饮料。

“每到傍晚时分，滑水队伍会在湖上表演，市民则在船上的小木屋里吃晚餐，”安娜为他们一一介绍道，“再稍后，他们在广场看五彩烟火；然后再去商场，这里的购物环境非常优美，价格也非常公平；待会，我再带你们去看看我们社区内最好的学校。”

最终，这对夫妇满意地决定在湖畔购买一套价值60万美元的房子。然而，客户付款后，安娜的服务仍然没有结束：协助客户联系医生、牙医、律师、清洁公司；帮助客户联系女儿的上学事宜，帮客户买电、买煤气。

安娜通常会在每年的圣诞假期为自己服务过的客户举办一场盛大的宴会，从纽约请5 ~ 7人的乐队进行伴奏，准备香槟、饮料、鲜嫩的牛肉片和鸡肉，提供各种型号的晚礼服。安娜举杯向客户敬酒，感谢客户们的支持与信任，祝福客户生活得更美好。她会一个一个地与客户私下沟通，问对方是否有需要帮助的，并承诺以后会提供更好、更优质的服务。在客户离开的门口，放着许多挂历、钢笔、书籍等实用的小礼物，让客户离开时随意拿。

有了如此细致周到的贴心服务，安娜何愁没有惊人的销售业绩呢？

正如安娜自己所言，她成功的秘诀就在于真正做到了“绝不只为销售而服务”。在与客户见面后，她不急着直接介绍房子，而是先带他们了解周围的环境和当地的文化，让客户能充分获得有效的信息，同时也获得充分的时间分析、思考是否适合在这里居住。当客户购买房子后，安娜还提供许多看似与房产无关的服务，时刻与客户保持良好的关系，让客户感觉不仅仅买了一套设施便捷的房子，更获得了未来生活的安全感。这正是将与客户的关系当作是多次的重复性博弈来看待，自然也能够收获长期的忠实客户。

销售员在销售过程中的一个颇为头痛的大难题就是如何常常与客户建立好感与信任。其实，安娜已经向我们传授了成功的经验：真诚的服务会让一切迎刃而解。真诚的服务不是为了销售而服务，而是真正设身处地地站在客户的角度，将买卖当作是重复性博弈，建立长期的好感与互信，将销售融入服务当中而使销售变得无痕无迹。作为推销员，要想获得很好的销售业绩，也要向安娜学习，让优质的服务起到四两拨千斤的作用。

让客户意识到高成本意味着高收益

销售心理学一点通：销售人员要善于通过理性分析让客户认识到其成本投入即使稍高也是值得的。

在销售中，客户对于收益的考虑都很理性。但是人们对成本的印象却是感性的，推销员要灵活运用销售技巧，让客户认识到高收益需要通过较高成本的投入才能实现。只有通过这样的途径，销售员的销售目的才可能实现。

程政是一家咨询公司的销售顾问，这次他负责的是一家生产企业的销售咨询工作，当销售进展到快签约的时候，该企业的总经理打电话来提出了异议。

总经理："我不明白为什么你们公司派了三个咨询师替我们改善库存与采购系统，两个月的时间要支付24万的费用，这相当于每个人每月4万，这样我都可以雇用三个厂长了。"

程政："王总，我们的咨询师们花了两个星期对贵厂采购作业流程、生产流程、现场生产以及作业流程的现状进行了详细的了解。据我们了解，贵企业的每年平均库存为1个月，金额为600万，由于生产数量逐年增长，库存金额与平均库存月份也逐年上升。通过我们的改善方案的执行，贵企业在半年后，库存金额能下降至300万，您的利息费用每年最少可下降30万，您节省的费用足够支付咨询费。"

总经理：“话是不错，那你们怎么能保证能将库存降至300万？”

程政：“如果贵公司的采购作业方式，特别是在交货期及交货品质两个要点上有所改善，生产流程及作业方式能够调整更改，品质的监控制度能够完善，最后显现的结果必然是库存的降低。王总，您完全可以评估出来，您支付给我们公司的顾问费其实都是从您节省的费用中提出的，您根本就不需要多支付任何额外的费用，却能达到提升工厂管理品质的目的。而且您只要同意签下合约，我们每个星期都会给您送去一份报告，报告会告诉您，我们本星期要完成哪些事项及上星期完成的情况，在这个时候，您可以视我们的绩效随时停止合约，我们会让您清楚地看到您投入的每一分钱都能够得到明确的回报，若您认为不值得，您可立刻终止付款。王总，我诚恳地建议您，这的确是值得一试的事情，您若可以现在就签约，我可以安排一个半月后，就开始进行这个方案。”

总经理在权衡了这个方案的成本和收益以后决定签约。

当客户有明确需求，但认为成本太高时，行销人员要让客户认识到高成本能带来巨大的收益，高成本投入是值得的。案例中的推销员就不愧为这方面的高手。当客户对产品有明确的需求，但表示价格成本过高时，销售员认识到，仅仅从价格成本这一层面进行说服，显然不能取得客户的认同，于是，他们发挥了自己逻辑分析能力的优势，为客户详细分析了花费这些成本费用所能够取得的收益。

对一般客户而言，只要提到成本，尤其是较高成本，都会认为是物超所值的。其实这不过是一种表象现象的思考。当客户对你说“产品确实不错，但是价格太高，我们不能接受”时，请你运用本节谈到的技巧对其加以说服。

将客户的思维从成本太高逐步转移到取得的收益上来，当客户认识到自己花费的成本能带来更大收益的时候，签单就顺理成章了。在我们的实际销售工作中，如果碰到类似的情况，不妨向这位销售员学习，想方设法把客户的需求从感性认识过渡到理性思考，那样的话，即使成本再高，客户也会毫不犹豫地签单的。

打造无敌亲和力

销售心理学一点通：对每一位客户一视同仁，温和有礼，用每一个细节让客户感受到你对他的尊重和重视，顾客一定会接受你。

有人说客户的心是一扇虚掩的门，销售员将其打开的金钥匙就是真诚。而将心门打开后，怎样才能成功捕获客户的心，让客户心甘情愿地接受你、喜欢你，继而愉快地与你合作？

捕获客户心理的最好方式就是情感投入，满足客户内心的需要，通过语言、神态举止让客户得到应有的尊重。用自己的行动捕获客户的信赖感，当客户被你征服，他就会毫不犹豫地跟你走。

微笑是一种美好的表情，让人觉得友善，觉得真诚，觉得亲切，觉得美丽。

销售其实就是销售员与客户之间的一场交际，一个从陌生到相识、从抗拒到接受、从质疑到满意的过程，这其中有着无数的情感变化。而销售成功与否和销售员是否懂得并准确地把握客户的内心有着很大的关系。

俗话说“不笑不开店”，在销售行业，同样有这样一句话“你的微笑价值百万”，其实所说的道理都是相同的：用微笑换回巨大的利益。对于客户来说，销售员的微笑令人感到亲切而又温馨，一个真正投入感情并始终保持微笑的销售员一定会比一个总是板着脸的销售员赢得更多的客户与订单。真诚的、发自内心的微笑才能温暖和打动别人的心，这就是微笑的魅力。

“不管我认不认识，当我的眼睛一接触到人时，我就先对对方微笑。”这是一位出色的人寿保险推销员在谈到自己赢得客户的经验时说到的一句话。对于销售员来说，微笑有着独特的魅力和神奇的力量，用微笑来征服客户，比其他任何方式都更加有效和持久。

温和的眼神也是对人心灵的安抚，能给予对方心理上巨大的安慰。每一个人生活在这个世上，都会遇到各种不如意的事情，包括我们所面对的各种类型的客户，他们都曾经遭受到烦恼和痛苦，都或多或少地受到过不被重视的待遇，但温暖真诚的目光，却可以使人得到安慰，获得力量。一道温和的目光如一道温暖的阳光，不仅能够照亮阴暗的心灵，还能够温暖身边人们潮湿的心灵。销售员不仅要学会对客户微笑，同时要用温和真诚的目光去关心客户，赢得客户的心。

任何一位顾客都讨厌不受到重视，当销售员对客户视而不见或者将客户晾在一边时，客户自然会让他的生意失败。对每一位客户一视同仁，温和有礼，用每一个细节让客户感受到你对他的尊重和重视，顾客一定会接受你。

世界上最伟大的推销员乔·吉拉德曾经说过：“当你笑时，整个世界都在笑。一脸苦相没人理睬你。”销售就好比照镜子，你如何对待客户，客户就会如何对你。在销售中微笑、温和、礼貌与尊重，做一次或许很容易，难的是一直这样做下去，对一个客户这样做或许很容易，难的是对每一个人都要如此。

发挥听的功效

销售心理学一点通：在行销中，一定要发挥听的功效，这样才能使客户无所顾虑地说出他想说的话。

人人都喜欢被他人尊重，受到别人重视，这是人性使然。当你专心地听，努力地听，甚至是聚精会神地听时，客户就会有被尊重的感觉，因而可以拉近你们之间的距离。卡耐基曾说：专心听别人讲话的态度，是我们所能给予别人的最大赞美。不管对朋友、亲人、上司、下属，倾听有同样的功效。

在行销沟通过程中发挥听的功效是十分重要的，因为客户提供的线索和客户的肢体语言是看不见的。在每一次通话当中，听要比说更加重要。善于有效地倾听是电话沟通成功的第一步。所有的人际交往专家都一致强调，成功沟通的第一步就是要学会倾听。有智慧的人，都是先听再说。

在电话中，你要用肯定的话对客户进行附和，以表现你听他说话的态度是认真而诚恳的。你的客户会非常高兴你心无旁骛地听他讲话。根据统计数据，在工作和生活中，人们平均有40%的时间用于倾听。事实上，在日常生活中，倾听是我们自幼学会的一种沟通能力。它让我们能够与周围的人保持接触。失去倾听能力也就意味着失去与他人共同工作、生活的可能。

所以，在行销过程中，发挥听的功效是非常重要的，只要你能够听得越多，听得越好，就会有更多更好的人喜欢你、相信你，并且要跟你做生意。他们越想跟你交往，你就越能获得更佳的人缘。成功的聆听者永远都是最受人欢迎的。

在行销过程中，一定要发挥听的功效，这样才能使客户无所顾虑地说出他想说的话。这样不仅使客户有一种受重视的感觉，而且还能使你获得更多的客户信息。

认真倾听客户的心声

销售心理学一点通：只有认真倾听客户的心声，才能满足客户的真正需求，从而完成销售。

认真倾听，主要目的是发现客户的需求以及真正理解客户所讲内容的含义。事实上，与客户沟通的主要目的就是销售商品或服务，所以客户的需求应该永远放在第一位。

有一个餐馆生意很好，老板准备扩大店面，决定提升一位经理，便找来三位员工。

老板问第一位员工："先有鸡还是先有蛋？"

第一位员工想了想，答道："先有鸡。"

老板接着问第二位员工："先有鸡还是先有蛋？"

第二位员工胸有成竹地答道："先有蛋。"

老板又叫来第三位员工，问："先有鸡还是先有蛋？"

第三位员工镇定地说："客人先点鸡，就先有鸡；客人先点蛋，就先有蛋。"

老板笑了，于是擢升第三位员工为大堂经理。

对于老板来说，先有鸡还是先有蛋并不重要，重要的是员工有没有领悟到客户的需求永远是第一位的。可见，认真倾听客户的心声是非常重要的，因此，在倾听过程中要做到以下几点。

1. 澄清事实，得到更多的有关客户需求的信息

"原来是这样，您可以谈谈更详细的原因吗？"

"您的意思是指……"

"这个为什么对您很重要？"

2. 确认理解，真正理解客户所讲的内容

"您这句话的意思是……我这样理解对吗？"

"按我的理解，您是指……"

3. 回应，向客户表达对他所讲的信息的关心

“确实不错。”

“我同意您的意见。”

4. 防止思绪偏离

思绪发生偏离是影响有效倾听的一个普遍问题。因为大多数人接收速度通常是讲话速度的四倍，有时一个人一句话还未说完，但听者已经明白他讲话的内容是什么。这样就容易导致听者在潜在客户讲话时思绪产生偏离。思绪发生偏离可能会导致你无法跟上客户的思想，而忽略了其中的潜在信息，你应该利用这些剩余的能力去组织你获取的信息，并力求正确地理解对方讲话的主旨。

在这方面，你可以做两件事。第一件事是专注于潜在客户的非言语表达行为，以求增强对其所讲内容的了解，力求领会潜在客户的所有想传达的信息。第二件事情是要克制自己，避免精神涣散。比如，待在一间很热或很冷的房间里，或坐在一把令人感觉不舒服的椅子上，这些因素都不应成为使你分散倾听的注意力的原因。即使潜在客户讲话的腔调有可能转移你的注意力，你也应该努力抵制这些因素的干扰，尽力不去关注他是用什么腔调讲的，而应专注其中的内容。做到这一点儿甚至比使分散的思绪重新集中起来更困难。从这个意义上讲，听人讲话不是一项简单的工作，它需要很强的自我约束力。

此外，过于情绪化也会导致思绪涣散。例如，当潜在客户

表达疑问或成交受挫时，在这种情况下停止听讲是很正常的做法，但是你最好能认真地听下去，因为任何时候都有转机出现的可能性。

5. 注意客户提到的关键词语，并与对方讨论

例如，业务员问："现在是您负责这个项目？"客户说："现在还是我。"客户是什么意思？两个关键词：现在、还。对有些人来讲，也就想当然地理解客户就是负责人。但一个出色的业务员会进一步提问："现在还是您是什么意思？是不是指您可能会不负责这个项目了？"客户说："是啊，我准备退休了。"这个信息是不是很重要？再举例，客户说："我担心售后服务。"这里面的关键词是：担心。所以，有经验的业务员并不会直接说："您放心，我们的售后服务没有问题。"而是会问："陈经理，是什么使您产生这种担心呢？"或者问："您为什么会有这种担心呢？"或者问："您担心什么呢？"探讨关键词可以帮助我们抓住核心。

6. 注意术语的使用

在商务电话沟通中，应尽可能避免专业

术语的使用，除非你能确定与自己对话的客户是这方面的专家。不少业务员为了显示自己的专业水准，在电话中讲很多技术性很强的东西，导致很多客户听不明白，结果客户希望通话越早结束越好。所以，一定要注意术语的使用。

倾听让你更受欢迎

销售心理学一点通：只是想做一个好的听者，这样的人才会到哪儿都受欢迎。

韦恩是罗宾见到的最受欢迎的人士之一。他总能受到邀请，经常有人请他参加聚会，共进午餐，担任客座发言人，打高尔夫球或网球。

一天晚上，罗宾碰巧到一个朋友家参加一次小型社交活动。他发现韦恩和一个漂亮女士坐在一个角落里。出于好奇，罗宾远远地注意了一段时间。罗宾发现那位年轻女士一直在说，而韦恩好像一句话也没说。他只是有时笑一笑，点一点头，仅此而已。几小时后，他们起身，谢过男女主人，走了。

第二天，罗宾见到韦恩时禁不住问道："昨天晚上我在斯旺森家看见你和最迷人的女孩在一起。她好像完全被你吸引住了。你怎么抓住她的注意力的？"

"很简单，"韦恩说，"斯旺森太太把乔安介绍给我，我只对她说：‘你的皮肤晒得真漂亮，在冬季也这么漂亮，是怎么做到的？你去哪呢？阿卡普尔科还是夏威夷？’”

“‘夏威夷，’她说，‘夏威夷永远都风景如画。’”

“‘你能把一切都告诉我吗？’我说。”

“‘当然。’她回答。我们就找了个安静的角落，接下去的两个小时她一直在谈夏威夷。”

“今天早晨乔安打电话给我，说她很喜欢我陪她。她说很想再见到我，因为我是最有意思的谈伴。但说实话，我整个晚上没说几句话。”

看出韦恩受欢迎的秘诀了吗？很简单，韦恩只是让对方谈自己。

假如你也想让大家都喜欢，那么就尊重别人，让对方认为自己是个重要的人物，满足他的成就感，而最好的办法就是谈论他感兴趣的话题。千万不要喋喋不休地谈自己，而要让对方谈他的兴趣、他的事业、他的高尔夫积分、他的成功、他的孩子、他的爱好、他的旅行，等等。

让他人谈自己，一心一意地倾听，要有耐心，要抱有一种开阔的心胸，还要表现出你的真诚，那么无论走到哪里，你都会大受欢迎。

著名推销员乔·吉拉德说过这样一句话：“上帝为何给我们两个耳朵一张嘴？我想，意思就是让我们多听少说！倾听，你倾听得越长久，对方就会越接近你”。这个世界过于烦躁，每一个人再也没有耐心听别人说些什么，所有的人都在等着说。再也没有比拥有一个忠实的听众更令人愉快的事情了。

一位成功的保险推销员对如何使用倾听这个推销法宝深有体会：“一次，我和朋友去一位富商那儿谈生意，上午 11 时开始。过了 6 小时，我们走出他的办公室来到一家咖啡馆，放松一下我们几乎要麻木的大脑。可以看得出来，我的朋友对我谈生意的措辞方式很满意。第二次谈判定在午餐后 2 点开始直到下午 6 点，如果不是富商的司机来提醒，恐怕我们谈得还要晚。

“知道我们在谈什么吗？实际上，我们仅仅花了半个小时来谈生意的计划之后，我却花了 9 个小时听富商的发迹史。他讲他自己是如何白手起家创造了一切，怎么在年届 50 岁时丧失了一切，尔后又是如何东山再起的。他把自己想对人说的事都对我们讲了，讲到最后他非常动情。

“很显然，多数人用嘴代替了耳朵。这次我只是用心去听、去感受。结果是富商给他 40 岁的儿女投了人寿险，还给他的生意保了 10 万元险。我对自己能否做一个聪明的谈判人并不在意，我只是想做一个好的听者，只有这样的人才会到哪儿都受欢迎。”

倾听很重要，在人际交往中，多听少说，善于倾听别人讲话是一种很高雅的素养。因为认真倾听别人的讲话，表现了对说话者的尊重，人们往往会把忠实的听众视作完全可以信赖的知己。对于推销员而言，积极地倾听客户的谈论，有助于了解和发现有价值的信息。

推销中的幽默规则

销售心理学一点通：在你的推销中融进一些轻松幽默不失为一种恰当的策略，同时它也能使你的生意变得十分有趣。

日本推销大师齐藤竹之助说：“什么都可以少，唯独幽默不能少。”这是齐藤竹之助对推销员的特别要求。许多人觉得幽默好像没有什么大的作用，其实是他们不知道怎么才能够学会幽默。让我们先看看幽默有哪些好处。

那种不失时机、意味深长的幽默更是一种使人们身心放松的好方法，因为它能让人感觉舒服，有时候还能缓和紧张气氛、打破沉默和僵局。

如果你在推销的时候表现出色，那么客户也是很愿意从你那儿购物的。乔·吉拉德说：“我听到过很多人说他们对外出购车常常感到头疼，但是我的客户不会这样说。当我说与吉拉德做生意是一件很愉快的事情时，我相信这句话并不是毫无意义的。”

成功的推销员大多都是幽默的高手，因为他们知道幽默会减轻紧张情绪，是消除矛盾的强有力手段。在尴尬的时候幽默一下，不仅可以缓解气氛，还能让人感到你智慧的魅力。

一个缺乏幽默感的人是比较乏味的。在你的推销中融进一些轻松幽默不失为一种恰当的策略，同时它也能使你的生意变得十分有趣。否则，你的客户就会保持警惕，不肯放松。

一个推销员当着一大群客户推销一种钢化玻璃酒杯，在他进行完商品说明之后，他就向客户作商品示范：把一只钢化玻璃杯扔在地上证明它不会破碎。可是他碰巧拿了一只质量不过关的杯子，猛地一扔，酒杯碎了。

这样的事情以前从未发生过，他感到很吃惊。而客户们也很吃惊，因为他们原本已相信推销员的话，没想到事实却让他们失望了。结果场面变得非常尴尬。

但是，在这紧要关头，推销员并没有流露出惊慌的情绪，反而对客户们笑了笑，然后幽默地说：“你们看，像这样的杯子，我就不会卖给你们。”大家禁不住笑起来，气氛一下子变得轻松了。紧接着，这个推销员又接连扔了 5 只杯子都成功了，博得了客户们的信任，很快推销出了好多杯子。

在那个尴尬的时刻，如果推销员也不知所措，没了主意，让这种沉默继续下去，不到 3 秒钟，就会有客户拂袖而去，交易失败。但是这位推销员却灵机一动，用一句话化解了尴尬的局面，从而使推销继续进行，并取得了成功。

与客户思维保持同步

销售心理学一点通：保持与客户思维的同步，只有你的想法、行动与客户的一致，才能让客户更容易接受你。

一位心理大师曾说，人们往往错误地以为我们生活的四周是透明的玻璃，我们能看清外面的世界。事实上，我们每个人的周围都是一面巨大的镜子，镜子反射着我们生命的内在历程、价值观、自我的需要。

心理学研究发现，人们在日常生活中常常不自觉地把自己的心理特征归属到别人身上，认为别人也具有同样的特征，如自己喜欢说谎，就认为别人也总是在骗自己；自己自我感觉良好，就认为别人也都认为自己很出色。心理学家们称这种心理现象为“投射效应”。

“投射效应”对推销最重要的一条启示是：保持与客户思维的同步，只有你的想法、行动与客户的一致，才能让客户更容易地接受你。

原一平提到，根据心理学的研究，人与人之间亲和力的建立是有一定技巧的。我们并不需要与他认识一个月、两个月、一年或更长的时间才能建立亲和力。如果方法正确了，你可以在 5 分钟、10 分钟之内，就与他人建立很强的亲和力。他认为，其中一个特别有效的方法是：在沟通时与对方保持精神上的同步。

所以优秀的推销员对不同的客户会用不同的说话方式，对方说话速度快，就跟他一样快；对方说话声调高，就和他一样高；对方讲话时常停顿，就和他一样也时常停顿，这样才不会出现“各说各话”的尴尬情景。因为能做到这一点，所以优秀的推销员很容易和客户之间形成极强的亲和力，对各种客户应付自如。

除了思想上要与客户保持同步以外，还要吸引顾客的注意力。这对推销成功也是至关重要的。

有一个销售安全玻璃的推销员，他的业绩一直都维持北美整个区域的第一名，在一次顶尖推销员的颁奖大会上，原一平遇到了他，原一平问他说：“你有什么独特的方法来让你的业绩维持顶尖呢？”他说：“每当我去拜访一个客户的时候，我的皮箱里面总是放了许多截成 15 厘米见方的安全玻璃，我随身也带着一个铁锤子，每当我到客户那里后我会问他，‘你相不相信安全玻璃？’当客户说不相信的时候，我就把玻璃放在他们面前，拿锤子往桌上一敲，而每当这时候，许多客户都会因此而吓一跳，同时他们会发现玻璃真的没有碎裂开来。然后客户就会说：‘天哪，真不敢相信。’这时候我就问他们：‘你想买多少？’直接进行缔结成交的步骤，而整个过程花费的时间还不到一分钟。”

当他讲完这个故事不久，几乎所有销售安全玻璃的公司的推销员出去拜访客户的时候，都会随身携带安全玻璃样品以及一个小锤子。

但经过一段时间，他们发现这个推销员的业绩仍然维持第一名，他们觉得很奇怪。而在另一个颁奖大会上，原一平又问他："我们现在也已经做了同你一样的事情了，那么为什么你的业绩仍然能维持第一呢？"他笑一笑说："我的秘诀很简单，我早就知道当我上次说完这个点子之后，你们会很快地模仿，所以自那时以后我到客户那里，唯一所做的事情是我把玻璃放在他们的桌上，问他们：'你相信安全玻璃吗？'当他们说不相信的时候，我把玻璃放到他们的面前，把锤子交给他们，让他们自己来砸这块玻璃。"

许多推销员在接触潜在客户的时候都会有许多的恐惧，不论我们接触客户的方式是电话或面对面的接触，每当我们刚开始接触潜在客户的时候，大部分的结果都是以客户的拒绝而收场。

接触潜在客户是必须要有完整计划的，每当我们接触客户时，我们所讲的每一句话，都必须经过充分的准备。因为每当我们想要初次接触一位新的潜在客户时，他们总是会有许多的抗拒或借口。他们可能会说"我现在没有时间，我不需要"等借口，客户会想尽办法来告诉我们他们不愿意接触我们。所以接触潜在客户的第一步，就是必须突破客户这些借口，因为，如果无法有效地突破这些借口，我们永远没有办法开始我们产品的销售过程。吸引顾客的注意力，是打开推销过程很好的方法。

从有益于客户的构想出发

销售心理学一点通：除非有一个有益于对方的构想，否则你就可能会被拒绝。

为什么有的推销人员一直顺利成功，而有的推销人员则始终无法避免失败？因为那些失败的推销人员常常是在盲目地拜访客户。他们匆匆忙忙地敲开客户的门，急急忙忙地介绍产品；遭到客户拒绝后，又赶快去拜访下一位客户。他们整日忙忙碌碌，所获却不多。

推销人员与其匆匆忙忙地拜访十位客户而一无所获，不如认认真真做好准备去打动一位客户。即推销人员要做建设性的拜访。

所谓建设性的拜访，就是推销人员在拜访客户之前，要调查、了解客户的需要和问题，然后针对客户的需要和问题，提出建设性的意见，如提出能够增加客户销售量，或能够使客户节省费用、增加利润的方法。

一位推销高手曾这样谈道："准客户对自己的需要，总是比我们推销人员所说的话还要值得重视。根据我个人的经验，除非有一个有益于对方的构想，否则我不会去访问他。"

推销人员向客户做建设性的访问，必然会受到客户的欢迎，因为你帮助客户解决了问题，满足了客户的需要，这比你对客户说："我来是推销什么产品的"更能打动客户。尤其是要连续拜访客户时，推销人员带给客户一个有益的构想，是给对方良好印象的一个不可缺少的条件。

王涛的客户是一位五金厂厂长。多年以来，这位厂长一直在为成本的增加而烦恼不已。王涛在经过一番详细的调查后了解到其成本增加的原因，多半在于该公司购买了许多规格略有不同的特殊材料，且原封不动地储存。如果减少存货，不就能减少成本了吗？当王涛再次拜访五金厂厂长时，把自己的构想详尽地谈出来。厂长根据王涛的构想，把360种存货减少到254种，结果使库存周转率加快，同时也大幅度地减少了采购、验收入库及储存、保管等事务，从而降低了费用。

而后，五金厂厂长从王涛那里购买的产品大幅度地增加。

要能够提出一个有益于客户的构想，推销人员就必须事先搜集有关信息。王涛说："在拜访顾客之前，如果没有搜集到有关信息，那就无法取得成功”。

王涛只是稍做一点准备，搜集到一些信息，便采取针对性的措施，打动了客户的心。王涛正因为认真地寻求可以助顾客一臂之力的方法，带着一个有益于顾客的构想去拜访客户，才争取到不计其数的客户。

别因为仪表而被拒绝

销售心理学一点通：作为一名与客户打交道的销售人员，我们应时刻注意自己的穿着，因为我们的衣着打扮品位也代表了自身的品位，同时更代表了公司的形象。

人们习惯于用眼睛评判一个人的身份、背景，我们没有理由因为穿着的不当而丢失一份可能的订单。在西方有一句俗语：你就是你所穿的！可见人们对于仪表与穿着的重视。在华尔街还有一条类似的谚语：不要把你的钱交给一个脚穿破皮鞋的人。曾有位经理说过这样一个小故事：

A 公司是国内很有竞争力的公司，他们的产品质量非常不错，进入食品添加剂行业有一年，销售业绩就取得不错的成绩。

有一天，我的秘书电话告诉我 A 公司的销售人员约见我。我一听是 A 公司的就很感兴趣，听客户说他们的产品质量不错，我也一直没时间和他们联系。没想到他们主动上门来了，我就告诉秘书让他下午 3:00 到我的办公室来。

3:10 我听见有人敲门，就说请进。门开了，进来一个人，穿一套旧的皱皱巴巴的浅色西装，他走到我的办公桌前说自己是 A 公司的销售人员。

我继续打量着他，羊毛衫，打一条领带。领带飘在羊毛衫的外面，有些脏，好像有油污。黑色皮鞋，没有擦，看得见灰土。

有好大一会儿，我都在打量他，心里在开小差，脑中一片空白。我听不清他在说什么，只隐约看见他的嘴巴在动，还不停地放些资料在我面前。

他介绍完了，没有再说话，安静了。我一下子回过神来，我马上对他说：把资料放在这里，我看一看，你回去吧！

就这样我把他打发走了。在我思考的那段时间，我的心里没有接受他，本能地想拒绝他。我当时就想我不能与 A 公司合作。后来，另外一家公司的销售经理来找我，一看，与先前的那位销售人员简直有天壤之别，精明能干，有礼有节，是干实事的，我们就合作了。

作为一名与客户打交道的销售人员，我们应该注意自己仪表的哪些方面呢？

一般来说，男销售人员不宜留长发，女销售人员不宜浓妆艳抹、穿着暴露。作为一名销售人员，你应当设法争取更多的顾客，穿着上要做到雅俗共赏。

除此以外，销售人员不能蓬头垢面，不讲卫生。有些销售人员不刮胡子，不剪指甲，一讲话就露出满口黄牙或被烟熏黑了的牙齿，衣服质量虽好，但不洗不熨，皱皱巴巴，一副邋遢、窝囊的形象。这样顾客就会联想到销售人员所代表的企业，可能也是一副破败衰落的样子，说不定已经快要破产了。

人们都会通过一个人的衣着来揣测对方的地位、家庭修养、所受的教育背景，因此我们应时刻注意自己的衣着品位，避免遭到某种不怀善意的猜测。

第五章

成交高于一切

——解决顾客后顾之忧，促成销售

适时强化顾客的兴趣

销售心理学一点通：推销员要在顾客现有的兴奋点上恰当提问、介绍，以强化对方的兴趣，刺激对方的购买欲，以达到销售的目的。

有一个中年男子到玩具柜台前闲逛，推销员李华热情地接待了他。男子顺手把摆在柜台上的一只声控玩具飞碟拿起来。

李华马上问："先生，您的孩子多大了？"

男子回答："6岁！"接着把玩具放回原位。

李华说："您的孩子一定很聪明吧？这种玩具刚刚到货，是最新研制的，有利于开发儿童智力。"她边说边把玩具放到柜台上，手拿声控器，开始熟练地操纵玩具飞碟，前进、后退、旋转，展示了玩具飞碟的各种性能，同时又用自信而且肯定的语气说："小孩子玩这种用声音控制的玩具，可以培养出强烈的领导意识。"说着，便把另一个声控器递到男子手里，说："试试吧，和孩子一起玩，多好。"

于是那位男子也开始玩了起来。这时李华不再说话了。大约2分钟后，男子停下来端详玩具，一脸的兴奋。

李华见机会来了，进一步介绍说："这种玩具设计很精巧，玩起来花样很多，比别的玩具更有吸引力，孩子肯定会喜欢，来买的顾客很多。”

男子说：“嗯，有意思，一套很贵吧？”

李华仍然保持着微笑：“先生，好玩具自然与低劣玩具的价格不一样，况且跟发展孩子的领导才华比起来，这点钱实在是微不足道。要知道孩子的潜力是巨大的，家长得给他们发挥的机会。您买这种玩具不会后悔的。”她稍停一下，拿出两个崭新的干电池说，“这样吧，这两个新电池免费奉送！”说着，便把一个原封的声控玩具飞碟，连同两个电池，一同塞进包装用的塑料袋递给男子。

男子接过袋子说：“不用试一下吗？”

李华说：“绝对保证质量！如有质量问题，三天之内可以退换。”

男子付了款，高高兴兴地提着玩具走了。

顾客一旦对什么产生了兴趣，一般会立即表现出一种情绪上的兴奋，表明顾客正处于感性状态下，这时推销员一定要抓住使顾客产生兴奋的只言片语，及时重复和反问，或者主动介绍，以强化顾客的兴趣，达到销售的目的。

就像这个案例中的推销员李华，当她看见顾客拿起玩具后，就知道顾客已经对这个玩具产生了一定的兴趣，这时她及时上前询问，当得知顾客的孩子 6 岁时，又把玩具与培养领导意识等联系起来，并为客户展示玩具的各种性能，让顾客的兴趣进一步被激发出来，这个过程完全取决于推销员的临场能力，既要能够察言观色，又要能随机应变，针对不同的顾客需求使用不同的推销技巧。

当顾客询问价钱时，她又把价钱与玩具能为孩子带来的好处相比较（抓住顾客望子成龙的心理），并免费赠送两节电池，推销员这些策略的目的都是在强化顾客的感知，最终让顾客作出购买决策。

因此，当推销员在销售过程中遇到类似情况时，要在顾客现有的兴奋点上恰当提问、介绍，以强化对方的兴趣，刺激对方的购买欲，以达到销售的目的。

用第三者搭建信任桥梁

销售心理学一点通：客户可能会防范陌生的你，但很信任身边的熟人。

通过“第三者”这个“桥梁”，更容易展开话题。因为有“朋友介绍”这种关系，就会在无形中消除客户的不安全感，解除他的警惕，容易与客户建立信任关系。

赵明：“李先生，您好，我是保险公司的顾问。昨天看到有关您的新闻，所以，找到台里的客户，得到您的电话。我觉得凭借我的专业特长，应该可以帮上您。”

李先生：“你是谁？你怎么知道我的电话号码？”

赵明：“××保险，您听说过吗？昨天新闻里说您遇到一起意外交通事故，幸好没事了。不过，如果您现在有一些身体不适的话，看我是不是可以帮您一个忙。”

李先生:“到底谁给你的电话呢?你又怎么可以帮我呢?”

赵明:“是我的客户,也是您的同事王娟,和您一起主持过节目的。她说您好像有一点不舒服。我们公司对您这样的特殊职业有一个比较好的综合服务,我倒是可以为您安排一个半年免费的服务。如果这次意外之前就有这个免费的话,您现在应该可以得到一些补偿。您看您什么时候方便,我把相关服务说明资料给您送过来。”

李先生:“哦,是小娟给你的电话啊。不过,最近挺忙,这个星期都要录节目。”

赵明:“没有关系,下周一我还要到台里,还有您的两位同事也要我送去详细的说明。如果您在,就正好一起;如果您忙,我们再找时间也行。”

李先生:“你下周过来找谁?”

赵明:“一位是你们这个节目的制片，一位是另一个栏目的主持。”

李先生:“周一我们会一起做节目，那时我也在。你把刚才说的那个什么服务的说明一起带过来吧。”

赵明:“那好，我现在就先为您申请一下，再占用您 5 分钟，有 8 个问题我现在必须替您填表。我问您答，好吗？”

随后，就是详细的资料填写。等到周一面谈时，赵明成功地与李先生签了一年的保险合约。

在故事中，我们看到赵明在接通潜在客户李先生的电话、自报家门后，李先生的防范心理是显而易见的，这时候，如果销售员不能及时消除客户的这种心理，客户就很有可能会马上结束通话。但赵明是一个非常聪明的销售员，他在打电话之前就已经做了充分的调查和准备，并事先想好了用李先生的熟人来“搭桥”的方式，早已经制订了详细的谈话步骤。

在接到潜在客户警惕性的信号后，赵明先以对方遇到一起交通意外、可以为其提供帮助为由，初步淡化了客户的警惕心理；然后，又借助李先生同事小娟的关系彻底化解了对方的防范心理，取得了潜在客户的信任，成功地得到了李先生的资料以及一年的保险合约。

可见，销售员在准备与潜在客户接触前，一定要有所准备，先设计好“计策”，然后再按计策的步骤缓缓推进，特别是要善于利用第三者—潜在客户周围的人的影响力，这是获得潜在客户信任最有效的方法。

让客户没机会说拒绝

销售心理学一点通：成功的销售员会通过各种方法诱导客户，让他们没有机会说“不需要”。

失败销售员与成功销售员的区别其实只是那么一丁点，那就是失败的销售员往往一开始就被拒绝了，而成功的销售员会通过各种方法诱导客户，让他们没有机会说“不需要”。我们通过下面这两个销售场景身临其境地来感受一下其中的区别，做一名成功的销售员也许并没有想象中的那么难。

场景一：

小李：您好，请问是孙先生吗？

客户：是的，你是哪位？

小李：是这样的，孙先生，我是××公司的小李，我是通过物业处查到您的电话的。

客户：找我有什么事情吗？

小李：我们公司最近推出了一款新产品，这款产品可以有效地清理污垢，及时地维护您的下水道，从而避免厨房下水道的堵塞。

客户：是吗？非常抱歉，我家的下水道一直都很正常，我们现在还不需要。谢谢！

小李：没关系，谢谢！

场景二：

小王：您好，请问是孙先生吗？

客户：是我！什么事？

小王：孙先生您好，我是受 ×× 小区管理处之托，给您打电话的。有件事情我一定要告诉您，不知道您是否听到过这件事：上个月小区内 B 座有几个家庭发生了严重的下水道堵塞现象，客厅和房间里都渗进了很多水，给他们的生活带来了很大的不便？

客户：没有听说过呀！

小王：我也希望这不是事实，但的确发生了。很多家庭都在投诉，我打电话给您就是想问一下，您家的下水道是否一切正常？

客户：是呀，现在一切都很正常。

小王：那就好，不过我觉得您应该对下水道的维护问题重视起来，因为 B 座的那几个家庭在没有发生这件事之前与您一样，感觉都很正常。

客户：怎样维护呢？

小王：是这样，最近我们公司组织了一批专业技术人员，免费为各个小区用户检查下水道的问题。检查之后，他们会告诉您是否需要维护。现在我们的技术人员都非常忙，人员安排很紧张。您看我们的技术人员什么时候过来比较合适？

客户：今天下午三点就过来吧！谢谢你！

看似最短的路，往往有可能走不通。而迂回的路，有时候却往往是最直的路。

很明显，场景一中的销售员小李肯定是个直爽人，直接就点明了自己的意图，结果被客户的一个“不需要”拒绝了，且毫无还击之力。而场景二中的销售员小王显得有策略一些，他非常会绕弯子，先跟客户说，他听说客户所住小区的楼道里发生了地下道严重堵塞，问客户家的下水道是否正常。这先让客户产生了好奇心，进而又觉得小王确实是在关心他，所谈到的问题也跟自己的切身利益相关。之后小王又故意提醒客户要重视这个问题，客户自然被激发了需求，忍不住主动问小王要怎么维护。于是，小王就水到渠成地跟客户说可以让本公司的专业技术人员帮他免费检查下水道的问题。这个客户当然乐意，答应也是理所当然的事情。

在推销的时候，如何避免客户说“不需要”呢？这里有三个随时可以拈来即用的计策：

1. 在销售产品和服务之前，首先推销自己

从客户的心理来看，往往是在接纳了销售员本人之后，才乐意接受其推销的产品和服务的。推销的过程是一种在销售员和客户之间实现信息交流和商品交换的过程。要使两者之间的交往圆满进行下去，需要以信任为基础。销售员要以自己的人格作担保去和客户接洽，销售员只有诚心诚意地对待顾客，树立良好的人格形象，才能使顾客放心。

2. 站在顾客的立场上考虑问题

从事销售工作，如果只想怎样把产品卖出去，而不考虑客户所关心的问题，往往会遭到拒绝。销售员如能设身处地站在客户的立场上考虑问题，通常是化解拒绝的一条有效途径。如果销售员充分利用职业优势，平时多做有心人，适时地给客户提供有益的信息，帮助他们解决经验上的难题，这样自然会受到顾客的欢迎。你为顾客解决了难题，作为回报，顾客当然会主动地解决你的难题—购买你的产品。

3. 注意创造需求

销售员不仅要寻找目标客户，还要去创造和发现需求者，销售员的责任就是让顾客从更大的消费空间充分认识到不为他们所知的需求。一流销售员的高明之处，往往是把一部分的精力投放在对自己的产品还没有多少需求的客户身上，先是认真地播下“需求”的种子，然后小心翼翼地培养，剩下便是耐心等待收获了。

关键时可允许先试后买

销售心理学一点通：先让客户试用产品。当他们真正尝到产品的甜头甚至离不开产品时，不用你多费口舌，他们都会主动购买。

一次，美国杰出的销售员博恩·崔西的朋友与他打赌，让这位优秀的销售员想办法把几只小猫卖给从来都不养猫的人。结果，博恩·崔西轻松地赢了。朋友好奇地问他是怎么做到的，博恩·崔西笑着告诉他：“很简单，我把猫卖给我周围的邻居时，告诉他们可以先让小猫留在家里过夜，如果他们不喜欢可以不付钱，第二天再送回来就是了。结果，这些邻居和可爱的小猫相处一夜后，都无一例外地喜欢上了这些小家伙。”

博恩·崔西用的这个办法是在推销中经常采用的“试用法”，针对那些对于产品存在疑虑的客户，不妨施行先试后销的方法，让他们在试用的过程中了解到产品的特性。这样一来，他们很可能会因此对产品产生兴趣，进而签下订单。

有一名推销机床的推销员来到一家工厂，他所推销的机器要比这家工厂正在使用的所有机器速度都快，而且用途广、坚韧度高，只是价格高出该厂现有机器的10倍以上。虽然该厂需要这台机器，也能买得起，可是因价格问题，厂长不准备购买。

推销员说：“告诉你，除非这台机器正好适合你的车间，否则我不会卖给你。假如你能挤出一块地方，让我把机器装上，你可在这里试用一段时间，不花你一分钱，你看如何？”

厂长问：“我可以用多久？”他已想到可把这台机器用于一些特殊的零部件加工生产中。如果机器真像推销员说的那样能干许多活的话，他就能节省大笔劳工费用。

推销员说：“要真正了解这种机器能干些什么，至少需要三个月的时间，让你使用一个月，你看如何？”

机器一到，厂长就将其开动起来。只用了四天时间，就把他准备好的活完成了。机器被闲置在一边，他注视着它，认为没有它也能对付过去，毕竟这台机器太贵了。正在此时，推销员打来电话：“机器运行得好吗？”厂长说：“很好。”推销员又问：“你还有什么问题吗？是否需要进一步说明如何使用？”厂长回答：“没什么问题。”他本来在想要怎样才能应付这位推销员，但对方却没提成交之事，只是询问机器的运行情况，他很高兴，就挂了电话。

第二天，厂长走进车间，注意到新机器正在加工部件。在第二个星期里，他注意到新机器一直在运转。正像推销员所说的那样，新机器速度快、用途多、坚韧度好。当他跟车间的工人谈到新机器不久就要运回去的时候，车间主任列出了许多理由，说明他们必须拥有这台机器，别的工人也纷纷过来帮腔。“好吧，我会考虑的。”厂长回答说。

一个月后，当推销员再次来到工厂时，厂长已经填好了一份购买这台新机器的订单。

“耳听为虚，眼见为实”，而亲自操作试用则更具有说服力。与其费尽口舌，不如让事实说话，先让客户试用产品。当他们真正尝到产品的甜头甚至离不开产品时，不用你多费口舌，他们都会主动购买。

学会妥善处理客户异议

销售心理学一点通：如果不能妥善处理客户的异议，就会失去客户。

在与客户沟通的过程中，经常可以听到客户对拜访人员所提供的产品或服务提出的异议。所谓异议，也就是客户的不同意见，其实质是客户对于产品或服务的不满。客户表达异议的方式很多，可能直接说对产品没有兴趣，也可能找其他借口来搪塞。当然，有些异议是客观真实的，有些异议则是客户的主观臆想。但无论哪一种异议都应当妥善处理。

首先，我们应当正确认识异议。这时经常引用的一个原理叫作冰山原理。人们平常见到的冰山只是露出海面的很小一部分，更大的部分都隐藏在水下，人们是看不到的。客户的异议也如同冰山，客户表面上所提出来的异议只是其很小的一部分，真正的异议是客户隐藏起来的更大一部分，因此，针对客户提出的异议还需要进行深入地发掘。

其次，我们对异议应当采取积极的态度。客户对产品或服务提出异议是很正常的。俗话说，“嫌货才是买货人”。当客户对产品提出一些反对意见时，他们往往真正关心这些产品或服务。调查显示，提出反对意见的客户中有64%最终与对方达成了合作协议，他们有比较强烈的购买意向，但不知道经销商能否满足自己

的要求，这是异议产生的原因。而那些没有提出异议的客户，也许他们没有明显的需求，或者对产品或服务根本就不关心。因此，销售人员要用积极的态度对待客户提出的异议。

对待异议如何处理呢，我们可以从以下几个方面来着手：

1. 先揣测客户心理，预期他提出的异议

“不打无准备之仗”是企业销售人员应对客户异议应遵循的一个基本原则。将客户可能会提出的各种异议列出来，并进行归类，为每条记录拟出回答的方法，并不断在每一次与客户的交往中积累经验。面对客户的异议，做一些事前准备可以做到心中有数、从容应对；反之，则可能惊慌失措，或不能给客户一个圆满的答复。

2. 平时就应多培养观察细节的能力

在客户提出异议之前，根据目前谈话的内容以及自己对客户言语、神情等非语言信息的判断，凭借经验分析客户可能提出的异议，主动提出并予以解答。

3. 选择较佳时机解答客户问题

美国某权威机构通过对几千名销售人员的研究发现，优秀销售人员所遇到的客户严重反对的概率只是普通销售人员的 1/10，其中的主要原因在于：优秀的销售人员对客户的异议不仅能给予一个比较圆满的答复，而且能选择恰当的时机进行答复。可以说，懂得在何时回答客户异议的销售人员会取得更大的成绩。

4. 幽默感有助于双方的沟通

从某种意义上来说，有幽默感的人是最受欢迎的，因为他们为彼此创造了欢乐。幽默永远是接近客户的好方法，同样也是处理顾客异议时经常用到的方法。

5. 用言语赞同客户

站在顾客的角度，给予理解和认同，表达自己的同感，这种同感可以拉近彼此之间的距离，使顾客拒绝的心理得到遏制。比如客户说：“这个皮包的设计、颜色都非常棒，令人耳目一新，可惜皮的品质不是最好的。”销售人员：“您真是好眼力，这个皮料的确不是最好的，若选用最好的皮料，价格恐怕要高出现在的五成以上。”

当客户提出的异议有事实依据时，销售人员应该承认并欣然接受，同客户产生共鸣，强力否认事实是不明智的举动。但注意一定要给客户一些补偿，让他获得心理的平衡。

6. 美言客户

人人都渴望得到赞美，这是一种正常的心理需求，满足客户的这种心理，就增加了交易成功的机会。赞美是取得对方好感的一个好方法，无疑也是预防客户异议的一种利器。

只给客户三个选择的妙处

销售心理学一点通：只给客户三个选择：少了，客户没有挑选的余地，自己也没有回旋的余地；多了，客户会挑花眼，自己也会因为盲目推荐而没有目标。

销售人员应该将客户引入到一个选择环境中，并且客户无论做哪种选择，都是对销售有利的。我们先看一个例子：

电话销售："您好，LD笔记本专卖，请问您有什么需要？"

客户："我想买台笔记本电脑。"

电话销售："好的，没问题，我们这里品牌齐全。您需要什么价位的？对品牌有要求吗？主要是办公还是娱乐？经常携带吗？"

客户："不要太大的，七八千吧，也就是打打字，看看电影什么的。牌子嘛，最好好一点儿。"

电话销售："好的。根据您的要求，我觉得HB、AD和DL中的几款都比较适合您，具体来看，HB是国内第一大品牌，质量、服务都不错，但价格过高，有些不值。

"至于AD，机器虽然便宜，但是售后服务跟不上，全国的维修点非常有限，以后机器出了问题不好修。

"而DL既是大品牌，售后又是免费上门服务，保修期内还能免费换新机，还有24小时的免费电话技术支持，就是价格高了一点儿而已，要知道笔记本的总价里有30%就是它的服务增值啊。”

客户：“那么，DL的哪款机型性价比高一些呢？”

电话销售：“我认为B款挺不错的，在同等价位中，它的配置是最高的。而且现在这款机正在搞促销活动，买笔记本加送笔记本锁、摄像头、清洁套装、128兆U盘和正版杀毒软件，这可是个很好的机会呀。”

客户：“你们什么时候能送货上门？”

推荐的过程简单地说，就是找出符合客户要求的产品，然后介绍它们的品牌、型号、配置和价格。最后由客户来选择。这个选择性过程基本可以总结为以下两步：第一步，列举几种可供选择的产品和这些产品各自的特点；第二步，让消费者从中选择认可的一个备选选项。

客户：“你们的减肥产品主要有哪些？”

电话销售：“我们代理的有三种减肥产品：一种是腹泻型的，它是通过大量的腹泻达到减肥的效果的，不过价格是最便宜的，像减肥胶囊、减肥茶等。这种适合那些不怕副作用而且身体强壮的人服用，优点是便宜，缺点是有副作用、服用痛苦。

“还有一种是抑制食欲型的，常见的就是减肥饼干、减肥食品的，一般人服用后再见到饭就感觉难以下咽，没有饥饿感。这一类基本都是中等价格，您现在服用的减肥产品就是这一类型的。不过长此下去，对身体也是不小的伤害。

“现在最流行的一种是高科技的减肥产品，比较安全并且没有副作用。这种产品的减肥原理主要是通过高科技方法，分解体内脂肪、抑制脂肪再生。而且使用效果好、停药后不反弹，也没有副作用，但是价格一般不是很贵就是中等，一般都在 300 元到 400 元不等。不过我们现在正在做促销，价格很便宜，还不到 300 元。建议您还是试一试这种新产品吧。”

需要提醒的是，销售人员切记只能推荐两到三款，三款最好。少了，客户没有挑选的余地，自己也没有回旋的余地；多了，客户会挑花眼，自己也会因为盲目推荐而没有目标。接下来的谈话很重要，要让客户实实在在地体会产品本身的优异性能。

以上两个案例都体现了这一点，就是给客户提供了三个可供选择的备选选项，并且表明每一个选项的利害得失。让客户从自己的实际利益出发，做出认可的选择，完成营销的说服过程。

成交时要牢记的金律

销售心理学一点通：成交是有规律的，遵守成交金律，才能成交更多。

成交是商务沟通的最终目标，需要好好把握。我们的努力的最终目的不外乎达成“成交”，不要以为成交是水到渠成的事情，成交也需要我们去促进。在成交时，必须记住以下的事项，否则最后可能会竹篮打水一场空。

第一，推销过程不要操之过急。不要低估确定潜在客户的重要性。

第二，核算一下你确定的结果，看看其中的比例是多少？咨询一下主要人物在这个领域里要达成什么样的目标？如果你这样做了，你就能和你的竞争对手区分开来。

第三，一旦你通过电话与某人取得联系，一定要确保你们的首次会面是在电话会谈的基础之上进行的。不要让人觉得你从来没有跟对方接触过，感觉特别陌生或突兀。

第四，不要沉湎于一个客户上。某公司营销员小王曾经为了一个客户在成交前和他接触过三十多次。这听起来让人印象深刻，但是如果她把打电话的时间用在确定潜在客户的努力上，那么她成交的交易何止一宗，也许是两宗或是更多。

第五，在面谈阶段不要试图进行产品陈述。不要把产品陈述和产品演示混淆起来。

第六，参观潜在客户的生产设备，或是其他真实环境。鼓励你的潜在客户到你的办公室来。

第七，如果你一次又一次地发现，你总是因为同样的异议而失去交易。比如说，你的价格过高，那么你可能就面临一个管理层面上的问题。这时，你就应当花些时间与你的销售经理谈谈你们公司的销售战略及市场定位问题。

第八，不要把大量的时间花在整理厚厚的报告、彩色的小册子上。

第九，该做记录的时候一定要做好记录!

第十，不要过多地相信媒体对你的目标公司的购买动机的宣传。媒体有时可能误导人。

第十一，要记住你是和某个或是某一群人工作，而不是某个机构。当然，你代表的是你们的公司，但是，进行产品陈述的是你而不是你的公司。因此，应当努力建立两种人之间的关系，而不是两个公司实体之间的关系。告诉你的潜在客户是你要做这笔生意，而不是你的公司。

第十二，要找出购买你的产品或是服务的相关决策是如何制定的，或是购买相关产品的决策是如何制定的。

第十三，如果你与你的潜在客户存在明显的年龄差异，或者是你们在专业的其他方面也不尽相同，那么他就不可能把你当成是平等的专业人士看待，这时候你就可以考虑同你的某个同事一起进行产品陈述。这种升级技术极其有效，特别是在你的潜在客户需要你来帮助他打消疑虑时。

第十四，要瞄准高层。不要以为你不能向公司的高层人士进行你的产品陈述。即使这个人不直接参与你的产品或是服务的最终决策，他也是十分强大的联盟。

第十五，你要记住，在面谈阶段就把价格问题提出来，这样就可以减轻潜在客户的很大压力。

第十六，对于你领域里出现的共同异议要有心理上的准备，要警惕一些相同的障碍。

最后，也是最重要的是守信用。这样客户才会记住你，愿意与你成交。

采用先价值后价格的技巧

销售心理学一点通：销售员不要老在价格上与顾客纠缠，因为价格永远对销售员不利，事实上一个总是通过降价来达成销售的销售员不是优秀的销售员。

销售经验告诉我们：价格对顾客而言永远都是偏高的，他们总觉得商家多赚了他们的钱。所以关键是销售员要让顾客觉得商品值这个价格。

以下这些常见的销售场景就是我们销售员经常会犯的错误：

顾客："你们的产品听说还不错，就是贵了点儿。"

销售员一："我们的产品比其他产品要高档、耐用，富贵花园（当地高档住宅）的人很多买我们的品牌，觉得很好用。"

销售员二："电器是用一辈子的，要买就买好的。"

销售员三："我们的产品比别人的口碑都好，这您也知道，贵也贵得实在。"

销售员四："拜托，这样子还嫌贵。"

销售员五："小姐，那您多少钱才肯要呢？"

销售员六："打完9折下来也就180元，已经很便宜了。"

销售员七：“连我们这里都嫌贵，那你在全中国都买不到。”

销售员八：“无论我们标价多少，顾客都会觉得贵的啦！”

场景中，从顾客的话里可以听出来，顾客的买点是“使用感觉好（感觉不错）+比较实惠的价格（就是贵了点儿）”。

第一个场景中，显然这句话说明销售员对产品的定位是“使用感觉比较好+高档产品高端消费”，这正好与顾客的定位相左。也就等于对顾客进行了错误的暗示：这款产品是高端产品，是给经济富裕的人用的，所以才贵。这时顾客会想，那等以后有钱再说吧。

第二个场景等于告诉顾客正确的价值取向是“买贵的才是好的”。换言之，等于是同意了顾客的看法：这款机型就是贵！但顾客其实想买的是好而不贵的产品，销售员这样应对就不是要成交，而是要“断交”，根本没和顾客说到一块儿去。

第三个场景还是在“贵”上打转转，并没有从顾客的立场解释为什么这款产品其实并不贵。

第四个场景暗示顾客如果嫌贵就不要买了，有看不起顾客的味道。

第五个场景过早陷入讨价还价的被动局面，很容易使顾客对货品质量失去信赖，纯粹属于销售员自己主动挑起价格战，使得价格谈判代替商品价值成为决定顾客购买的关键因素。

第六个场景属于销售员主动让步，使自己在后续的价格谈判中失去了回旋的空间。

第七个场景显得太狂妄自大，令顾客感觉很不舒服。

第八个场景抢白顾客，暗示顾客不讲理。

顾客的需求本来是“好用 + 实惠”，以上场景中的销售员都没有从这一根本点出发解释“好用 + 实惠”。你不从顾客的买点出发，就没有交易可言了。抱怨产品价格贵，这是多数顾客会说的话，对于这类顾客，销售员与顾客对价格进行反复讨论是最不明智的。

销售员不能因为顾客说贵了，就惊慌失措或者生气。而应该采取“先价值后价格”的计策，通过列举产品的核心优点，在适当的时候与比自己报价低的产品相比较，列举一些权威专家的评论及公司产品获得的荣誉证书或奖杯等实例从多方面引导认可“一分钱一分货”的道理，让顾客充分认识到产品能给他带来的价值，消除顾客认为“昂贵”的感觉。

销售人员要告诉顾客一个道理，即买东西其实不一定是越便宜越好，关键是要看是否适合自己。所以销售员可以通过强调商品的卖点，告诉顾客付太多的钱并不明智，但付太少的钱风险更大的道理。付得太多，你只是损失掉一点儿钱，但如果你付得太少，有时你会损失所有的东西，因为商业平衡的规律告诉我们想付出最少而获得最多几乎不可能。销售员可以如此引导顾客认识，并询问顾客的看法。

如果对方默认或点头就立即用假设成交法建议顾客成交。所谓假设成交法就是假定顾客已经决定购买，而在细节上面询问顾客或者帮助对方做出决定。使用假设成交法前应该首先询问对方一两个问题，在得到顾客肯定的表示后再使用效果会更好。

销售员：“确实，我承认如果单看价格，您有这种感觉很正常。只是我们的价格之所以会稍微高一些，是因为我们在质量上确实做得不错，我想您一定明白买对一样东西胜过买错三样东西的道理，您也一定不希望东西买回去只用几次就不能再使用了，那多浪费呀，您说是吧？我们这个品牌的专用灯具使用寿命长达8000小时，是普通白炽灯和灯具的8倍。又具有节能功能，能达到白炽灯60瓦的亮度，但是耗电量只需白炽灯的20%。虽说买时贵，但您用时就便宜啦。我给您算笔账您就清楚了。”

销售员在采用“先价值后价格”的计策之前，要学会收集和整理一些非常经典的说服辞令，譬如：“买对一样东西胜过买错三样东西。”有许多顾客往往就是因为受这些非常新颖语句的触动而改变了自己的购买习惯。

在推介产品的过程中，销售人员要把握住产品的品质、工艺与外观等方面的优点，同时采用比较法、拆分法等计策向顾客友好地解释产品物超所值的原因，设法让顾客理解你产品的价值和认同由此带来的利益，让他们相信产品的价格与价值是相符的。另外，在列举要点的同时，销售人员可引用一些感性的数值，或者做一些辅助性的演示工作，加强销售语言的可信度。

找到客户异议的症结

销售心理学一点通：错误的异议化解方式不但无助于推进销售，反而可能导致新的异议，甚至成为推销失败的重要因素。

一位客户想买一辆汽车，看过产品之后，对车的性能很满意，现在所担心的就是售后服务了，于是，他再次来到甲车行，向推销员咨询。

准客户："你们的售后服务怎么样？"

甲推销员："您放心，我们的售后服务绝对一流。我们公司多次被评为'消费者信得过'企业，我们公司的服务宗旨是顾客至上。"

准客户："是吗？我的意思是说假如它出现质量问题等情况怎么办？"

甲推销员："我知道了，您是担心万一出了问题怎么办？您尽管放心，我们的服务承诺是在一天之内无条件退货，一周之内无条件换货，一月之内无偿保修。"

准客户："是吗？"

甲推销员："那当然，我们可是中国名牌，您放心吧。"

准客户："好吧。我知道了，我考虑考虑再说吧。谢谢你。再见。"

在甲车行没有得到满意答复，客户又来到对面的乙车行，乙推销员接待了他。

准客户："你们的售后服务怎么样？"

乙推销员："先生，我很理解您对售后服务的关心，毕竟这可不是一次小的决策，那么，您所指的售后服务是哪些方面呢？"

准客户："是这样，我以前买过类似的产品，但用了一段时间后就开始漏油，后来拿到厂家去修，修好后过了一个月又漏油。再去修了以后，对方说要收5000元修理费，我跟他们理论，他们还是不愿意承担这部分的费用，没办法，我只好自认倒霉。不知道你们在这方面怎么做的？"

乙推销员："先生，您真的很坦诚，除了关心这些还有其他方面吗？"

准客户："没有了，主要就是这个。"

乙推销员："那好，先生，我很理解您对这方面的关心，确实也有客户关心过同样的问题。我们公司的产品采用的是欧洲最新AAA级标准的加强型油路设计，这种设计具有极好的密封性，即使在正负温差50度，或者润滑系统失灵20小时的情况下也不会出现油路损坏的情况，所以漏油的概率极低。当然，任何事情都有万一，如果真的出现了漏油的情况，您也不用担心。这是我们的售后服务承诺：从您购买之日起1年之内免费保修，同时提供24小时内的主动上门的服务。您觉得怎么样？”

准客户："那好，我放心了。"

最后，客户在乙车行买了中意的汽车。

在推销过程中，客户提出异议是很正常的，而且异议往往是客户表示兴趣的一种信号。但遗憾的是，当客户提出异议时，不少新入行的推销员往往不是首先识别异议，而是直接进入到化解异议的状态，这样极易造成客户的不信赖。所以，错误的异议化解方式不但无助于推进销售，反而可能导致新的异议，甚至成为推销失败的重要因素。这个案例就是这类问题的典型代表。

案例中，客户提出"你们的售后服务怎么样"，这个问题是客户经过慎重考虑提出来的，是一种理性思考的结果。这时候，要化解客户的异议就需要推销员具有超强的应变能力，并促使其决策。

甲推销员显然不懂得这个道理，当客户提出疑问后，他在还没有识别客户的异议时，就直接去应对，给出了自以为是的答案，客户没有感到应有的尊重，认为推销员回答不够严谨，因此推销失败也就不足为奇了。

与之相反的是，乙推销员则采用了提问的方式："您所指的售后服务是哪些方面呢？”这种询问给予客户被尊重的感觉，同时也协助客户找到了问题的症结所在，然后又利用自己的专业知识，轻松化解了客户的问题，获得了推销的成功。

这个案例表明，对客户异议的正确理解甚至比提供正确的解决方案更重要。至少，针对客户异议的提问表达了对客户的关心与尊重。推销员只有找到症结所在，才能顺利成交。

灌输“一分价钱一分货”的价值理念

销售心理学一点通：当顾客认为价格高时，你要使他相信一分价钱一分货。

客户：“我是××防疫站陈科长，你们是某某公司吗？我找一下你们的销售。”

电话销售：“哦，您好！请问您有什么事？”

客户：“我想咨询一下你们软件的报价，我们想上一套检验软件。”

电话销售：“我们的报价是98800元。”

客户：“这么贵！有没有搞错。我们是防疫站，可不是有名的企业。”（态度非常高傲）

电话销售：“我们的报价是基于以下两种情况：首先从我们的产品质量上考虑，我们历时5年开发了这套软件，我们与全国多家用户单位合作。对全国的意见和建议进行整理，并融入我们的软件中。所以我们软件的通用性、实用性、稳定性都有保障。另外，我们的检验软件能出检验记录，这在全国同行中，我们是首例，这也是我们引以为傲的。请您考察。”

客户："这也太贵了！你看人家成都的才卖 5 万元。”

电话销售："陈科长，您说到成都的软件，我给您列举一下我们的软件与成都的软件的优缺点：咱们先说成都的，他们软件的功能模块很全，有检验、体检、管理、收费、领导查询等，但他们软件的宗旨是将软件做得全而不深。而我们的宗旨是将软件做到既广又深，就检验这一块来说，他们的软件要求录入大量的数据和需要人工计算，他们实现的功能只是打印，而再看我们的，我们只需要输入少量的原始数据即可，计算和出检验记录全部由计算机完成。这样既方便又快捷。另外，我们的软件也有领导查询和管理功能。在仪器和文档方面我们的软件也在不断改进，不断升级。”

客户："不行，太贵。”（态度依然强硬）

电话销售："您看，是这样的，咱们买软件不仅买的是软件的功能，更主要的是软件的售后服务，作为工程类软件，它有许多与通用性软件不同的地方。我们向您承诺，在合同期间我们对软件免费升级、免费培训、免费安装、免费调试等。您知道，我们做的是全国的市场，这期间来往的费用也是很高的，但也是免费的。另外，在我们的用户中也有像您这样的客户说我们的软件比较贵，但自从他们上了我们的软件以后就不再抱怨了，因为满足了他们的要求，甚至超过了他们的期望。我们的目标是：利用优质的产品和高质量的售后服务来平衡顾客价值与产品价格之间的差距，尽量使我们的客户产生一种用我们的产品产生的价值与为得到这种产品而付出的价格相比值的感觉。”

客户：“是这样啊！你们能不能再便宜一点儿啊？”（态度已经有一点儿缓和）

电话销售：“抱歉，陈科长您看，我们的软件质量在这儿摆着，确实不错。在 10 月 21 号我们参加了在上海举办的上海首届卫生博览会，在会上有很多同行、专家、学者。其中一位检验专家，他对检验、计算机、软件都很在行，他自己历时 6 年开发了一套软件，并考察了全国的市场，当看到我们的软件介绍和演示以后当场说：‘你们的和深圳的软件在同行中是领先的。’这是一位专家对我们软件的真实评价。我们在各种展示中也获过很多奖，比如检验质量金奖、检验管理银奖等奖项。”

客户：“哦，是这样啊！看来你们的软件真有一定的优点。那你派一个工程师过来看一下我们这儿的情况，我们准备上你们的系统。”

至此，经过以上几轮谈判和策略安排，销售人员产品的高价格已被客户接受，销售人员的目标已经实现了。在与别人谈判的过程中，如何说服你的客户接受你的建议或意见，

水滴石穿

这其中有很大的学问，特别是在价格的谈判中。以下是价格谈判中的一些技巧和策略：

（1）在谈判过程中尽量列举一些产品的核心优点，并说一些与同行相比略高的特点，尽量避免说一些大众化的功能。

（2）在适当的时候可以与比自己的报价低的产品相比较，可以从以下几方面考虑：

①客户的使用情况（当然你必须对你的和你对手的客户使用情况非常了解；

②列举一些自己和竞争对手在为取得同一个项目工程，并同时展示产品和价格时，客户的反应情况（当然，这些情况全都是对我们有利的）。

（3）列举一些公司的产品在参加各种各样的会议或博览会时专家、学者或有威望的人员对我们的产品的高度专业评语。

（4）列举一些公司产品获得的荣誉证书或奖杯等。

让顾客享受砍价乐趣

销售心理学一点通：在销售的过程中，销售员必须对消费者的心理价位有一定的了解，从而才能在讨价还价时获得最大的利润。

一天，一位顾客看重老张店里一套服装，标价为 800 元。

顾客说："你便宜点儿吧，500 元我就买。"

老张回道："你太狠了吧，再加80元，图个吉利。"

"不行，就500元。"

随后，老张又与顾客经过一番讨价还价，最终谈妥以520元成交。

但是，当顾客掏出钱包准备付款时，却发现自己身上只有490元。老张为难地说，"那太少了，哪怕给我凑个整500元呢？"顾客说："不是我不想卖，的确是钱不够啊。"最后，老张似乎狠下心说："好吧，就490元吧，算是给我今天买卖开张了，说实话，真的一分钱没挣你的。"顾客490元拿着这件衣服，开开心心地走了。

老张真的一分钱没赚吗？当然不可能。因为这只是老张故意使用的计策。其实老张心里最清楚不过，那件衣服进价也就280元，给出800元的标价为的是给顾客心理上制造"高档"商品的感觉，同时留出顾客"砍价"的空间，在讨价还价中得出顾客愿意支付的价格。最终，老张能赚得利润，消费者也在"砍价"过程中得到了乐趣和成就感，感觉自己占到了便宜，自然也就达成了一桩愉快的买卖。

每个消费者一般都会对预期商品有一个预期的心理价位。心理价位实际上就是他们对于所购买的物品有一种主观评价，消费者心理价位往往取决于他们消费能力以及对商品的偏好程度。因此，在销售的过程中，我们就必须对消费者的心理价位有一定的了解，从而才能在讨价还价时获得最大的利润。

对于消费者来说，购物常常是一场"斗志斗慧"的心理战。如果通过自己的“砍价”，买到一件价格明显低于自己设想而质地样式又特别喜欢的商品，心理上会产生极大的愉悦感和自豪感。同时不少消费者也会将“砍价”当成一种生活的乐趣。所以我们销售员也要迎合消费者的这种心理，满足他们“砍价”的乐趣。

销售员可以从以下几个方面掂量好“砍价”的分寸：

1. 判断消费者所购物品的迫切程度

我们可以从观察消费者的神情动作来判断他们对商品的喜欢程度，根据他们对商品所表现出来的喜欢程度决定价格的弹性幅度。消费者越迫切，越需要，我们就不能轻易降低商品的价格。如果无法从消费者的神情动作上判断出他们需要商品的迫切程度，我们还可以使出另外一招，即不断地与消费者攀谈他们卖给谁，是不是送礼，是送给谁，还是自己用。

2. 判断消费者的经济条件和花谁的钱

我们可以通过观察消费者的穿着和言行，判断他的经济实力，根据实际情况出价和降价。一般来说，经济实力强的人容易接受高价，而你用狮子大开口的方式来对待捉襟见肘的人，只会立即将他们吓跑。

此外，销售员要特别注意以下几点：

1. 证明价格是合理的

无论出于什么原因，任何顾客都会对价格产生异议，大都认为衣服价格比他想象的要高得多。这时，销售员必须从衣服在设计、质量、品牌等方面的优点来证明，价格是合理的。所谓“一分钱一分货”，只要你能说明定价的理由，消费者就会相信购买是值得的。

2. 在小事上要慷慨

在讨价还价过程中，买卖双方都是要做出一定让步的。虽然每一个人都愿意在讨价还价中得到好处，但并非每个人都是贪得无厌的，多数人只要得到一点点好处，就会感到满足。因此，销售员在洽谈中要在小事上做出十分慷慨的样子，使买家感到已得到对方的优惠或让步。比如，增加或者替换一些小纽扣时不要向买家收费，等等。

3. 讨价还价要分阶段进行

和买家讨价还价要分阶段一步一步地进行，不能一下子降得太多，而且每降一次要装出一副一筹莫展、束手无策的无奈模样。另外，讨价还价切不可一开始就亮底牌，有的销售员不讲究策略，洽谈一开始就把最低价抛出来，然而事实上，洽谈初始阶段，消费者是不太会相信销售人员的最低报价的。这样，也就无法谈下去了。

采取因人而异的跟进策略

销售心理学一点通：无论对于哪一类客户，我们都应当致力于与客户发展长期的合作关系。

一般情况下，我们可以把客户分为近期有希望下订单的客户、近期没希望下订单的客户、初期客户和长期客户四种类型。面对这几种类型的客户你可以采取以下不同的策略。

1. 近期有希望下订单的客户

对于这类客户，重点是争取让客户下订单。通过前面与客户的接触，我们发现这类客户对我们的产品及服务有明确的需求，但还没到他们下订单的时候。这类客户在客户决策周期中处于哪个阶段呢？在这个阶段的客户，他们在做什么工作呢？这就需要销售员与对方进行电话沟通时仔细探询客户的需求。在这一阶段，客户会发生什么事情呢？

（1）客户处在分析、调查、论证阶段。

（2）客户在决策。

（3）客户在与其他公司接触以评估比较。

（4）我们对客户的需求有误解。

（5）客户可能在欺骗我们。

对于这些客户，从整体上来讲，分为三种情况：

第一种是客户确实有需求，而且也愿意提供销售机会。

第二种是客户本来有需求，他们从内心深处根本就不想给我们机会，但在表面上给我们还有机会的假象。

第三种是客户没有需求，只不过是我们误认为客户有这种需求。

在这一阶段，分析判断客户是属于哪一种情况就变得极为重要，如果我们判断错误的话，对我们制订销售策略将产生不利的影响。

2. 近期内没有希望下订单的客户

对于近期内没有合作可能性的客户，也应该通过电子邮件、直邮等形式与客户保持联系，同时，每 3 个月同客户通一次电话。这样，可以让客户感受到你的存在，当他产生需求的时候，能主动找到你。这样，可以用最少的时间来建立最有效的客户关系。

3. 初期客户

初期客户是指那些已经和我们建立了商务关系，但他们只给我们极小一部分的份额。也许这些客户将是你的长期买主，只是你还没有打动他们的有力产品，或许你提供的服务还不足以让客户特别满意，或者这些客户只是抱着“试试看”的态度。不管是什么情况，这些客户已经与我们有一段时间的交易往来了，但是没有积极推进我们的交易合作关系。因此，与这些客户交易，我们的目标是增加我们总的商业交易额。我们需要在过去成功的经验之上，证明我们的交易关系是值得进一步推进的。这时，频繁的商务电话攻势就显得非常必要。

只有当你了解了为什么你的这位客户没有给你更大的商业交

易份额时，你才有可能在你们的合作关系上获得更大的进展。

4. 长期客户

建立长期客户关系是针对那些与我们已经有过一段时间的稳固合作关系，并且已经成功地推进了合作关系的客户。与这类客户的联系可以巩固我们的地位，使我们成为这些客户的主要或者全部供货者。最后，成为这些客户的战略伙伴（记住，战略伙伴阶段是指客户已经把我们列为其商业计划发展的一部分）。

总体来讲，无论对于哪一类客户，我们都应当致力于与客户发展长期的合作关系。对于现有客户，我们的重点是在做好服务的同时，尽可能地提高客户的忠诚度；对于潜在客户，我们的重点则是争取订单。

只要存在积极的关系，你就拥有进一步推动关系的机会。当双方都受益时，交流才会继续。因此我们对不同类型的客户应采取不同的跟进策略，这有赖于我们对客户真实情况的掌握。在商务电话沟通中，我们所有的判断都要通过电话来进行。

准时地把握住成交时机

销售心理学一点通：成交时机稍纵即逝，要想获得成交，就必须抓住成交时机。

成交的时机就在你的身边，就看你怎么把握它。在沟通中，当你能准时地把握住时机，就可能获得巨大的利益。我们可以通过下面的方式来捕捉与客户成交的时机。

1. 惜失心理刺激

利用对方怕占不到便宜的心理；利用对方怕过时的心理。告诉对方“货已不多了”，用“太可惜了”“很遗憾”等语句来加剧对方的惜失心理刺激。请看下面的例子：

“您好，刘经理！我是 ×× 体育用品中心的 ××，可以跟您谈几分钟吗？”

“什么事？”

“是这样，我用一分钟和您谈点儿题外话，听口音，我猜您三十六七的年龄，对吧？根据医学统计，这个年龄是腰椎间盘突出的易发期。如果心里不太想得开，就容易发怒，是吧？我们说怒伤肾，这会给肾造成很大压力，时间长了特别不利于健康。这时候腰部器官的功能也会随之下降，什么腰肌劳损、肾虚这些病就找到您了。所以我们建议这个年龄的男子，要多做运动，如果抽不出运动的时间，或找不出运动的场地，我们就建议您购买一台‘扭转腰按摩仪’。”

“噢！过几天你送个过来让我看看。”

这里，就利用客户的恐惧心理，达到引起客户注意，唤起客户购买的目的。

2. 观察力

锻炼你敏锐的观察力可以帮助你捕捉时机。在业余时间里做一些智力测试，做完后要多思考。在打电话的时候，要灵活些。

3. 激发客户的购买欲望

虽然客户尚未开口表决，却已在无形中透露了内心的机密。这时营销员要注意捕捉客户的需求，并用敦促的方法与客户达成交易。关于这一点，在前面已经介绍过，在这里就不再赘述。

总之，要使与客户的沟通成功而有效，我们就要学会善于在沟通过程中捕捉成交的良机。

4. 创造环境

营销人员在向客户推销产品时，将个人情感引入其中，这往往会使你占据上风。在交谈中引入个人情感，几乎可以在任何问题上帮你获胜。

用广博的知识抓住机会

销售心理学一点通：销售人员只有不断丰富自己的知识，储备自己的专业能力，才能在关键时刻抓住成功的机会。

孙兴从美术学院毕业后，一时没找到对口的工作，就做起了房地产推销员。但3个月后，孙兴一套房子也没卖出去，按合同约定房地产公司不再续发底薪，这让他陷入了进退两难的境地。

一天，孙兴的一个大学同学向他提供了一个信息：有位熟人是某大学的教授，他住的宿舍楼正准备拆迁，还没拿定主意买什么样的房子。他劝孙兴不妨去试一试。

第二天，孙兴敲开了教授的家门，说明了来意。教授客气地把他带到客厅。当时，教授刚上中学的儿子正在支起的画板架上画着“静物”。孙兴一边向教授介绍自己推销的房产情况，一边不时地瞄上几眼孩子的画。

教授半闭着眼睛听完孙兴的介绍，说：“既然是熟人介绍来的，那我考虑一下。”孙兴通过观察，发现教授只是出于礼貌而应和，对他所说的房子其实并没有多大兴趣，心里一时没了谱，不知道接下来该说什么，气氛一时变得很尴尬。

这时孙兴看到孩子的画有几处毛病，而孩子却浑然不知，便站起身来走到孩子跟前，告诉他哪些地方画得好，哪些地方画得不好，并拿过画笔娴熟地在画布上勾勾点点，画的立体感顷刻就凸现出来了。

孩子高兴地拍着手说：“叔叔真是太棒了！”略懂绘画的教授也吃惊地瞧着孙兴，禁不住赞道：“没想到你还有这两下子，一看就是科班出身，功底不浅啊！”他还感激地说，“有时候，我也看出孩子画得不是那么回事儿，可我却一知半解，不知怎么辅导，经你这么一点拨，就明白了，你真帮了我的大忙了！”

接下来，孙兴同教授颇有兴致地谈起了绘画艺术，并把自己学画的经历说了一遍。他还告诉教授应该怎样选择适合孩子的基础训练课目，并答应说以后有时间还要来给孩子讲讲课。孙兴的一番话，让教授产生了好感，也开了眼界，一改刚才的寒暄连连点头称是。两个人的谈话越来越投机。

后来，教授主动把话题扯到房子上来。他边给孙兴端上一杯热茶边说："这些日子，我和其他几个老师也见了不少推销房产的，他们介绍的情况和你的差不多。我们也打算抽空去看看，买房子不是小事，得慎重才行。"

教授又看了孙兴一眼，接着说："说心里话，我们当老师的就喜欢学生，特别是有才华的。你的画技真让我佩服！同样是买房子，买谁的不是买，为什么不买你的呢？这样吧，过两天，我联系几个要买房的同事去你们公司看看，如果合适就非你莫属，怎么样？"

半个月后，经过双方磋商，学校里的十几名教师与孙兴签订了购房合同。

推销员的知识面越广，专业实力越强，成功的机会就越多。尤其当顾客出现麻烦、需要帮助时，这些知识随时都会派上用场。如能抓住机会，帮上一把，必能让对方心生感激、刮目相看，从而打开成功的大门。

房地产推销员孙兴通过熟人介绍，得到了一个销售信息，他登门拜访，并详细陈述房子的情况，但潜在客户对房子并未产生很大的兴趣，谈话陷入了尴尬的场面。至此，说明孙兴的策略失败了。如果不改变策略的话，就会失去这次销售机会。

美术专业出身的孙兴看到客户的孩子正在画的画有几处毛病，于是对孩子进行了简单的指导，这一举动让客户大为惊讶，他没有想到一个房地产推销员有如此高的美术专业素养。孙兴抓住这个机会，与客户探讨绘画艺术，用自己的知识逐渐赢得了客户的好感和认可。最后，客户不但自己买了房子，还推荐其他同事到孙兴的公司买房。

孙兴用自己广博的知识抓住了稍纵即逝的机会，并取得了成功。可见，销售人员只有不断丰富自己的知识，才能在关键时刻抓住成功的机会。

第六章

销售不只是卖出去产品

——懂得与顾客保持良好沟通

用问题来控制节奏

销售心理学一点通：任何一个推销员在与客户面谈之前都应该做好充分的准备工作，精心设计向客户提出的问题是其中最重要的一环。

林强："早上好，王总，很高兴见到您。"

准顾客："你好，有什么事吗？"

林强："王总，我是华夏公司的林强，我今天特意来拜访您，是因为我看到了《机械工业》杂志上有一篇关于您公司所在行业的报道。"

准顾客："是吗？都说了些什么呀？"

林强："这篇文章谈到您所在的挖掘机行业将会有巨大的市场增长，预计全年增长幅度为30%，市场总规模将达到50亿，这对您这样的领头羊企业应是一个好消息吧？"

准顾客："是啊，前几年市场一直不太好，这两年由于西部大开发，国家加强基础设施建设，加大固定资产投资，所以情况还不错。"

林强："王总，在这样市场需求增长的情况下，公司内部研发生产的压力应该不小吧？"

准顾客："是啊，我们研发部、生产部都快忙死了。"

林强:“是吗?那真是不容易啊。王总,我注意到贵公司打出了招聘生产人员的广告,是不是就是为了解决生产紧张的问题呢?”

准顾客:“是啊,不招人忙不过来啊。”

林强:“确实是这样。那王总,相对于行业平均水平的制造效率—每人5台而言,您公司目前的人均制造效率是高一些还是低一些?”

准顾客:“差不多,大概也就人均5~6台。”

林强:“那目前使用的制造设备的生产潜力有没有提升的空间呢?”

准顾客:“比较难,而且耗油率还很高呢。”

林强:“那您使用的是什么品牌的设备呢?国产的还是进口的啊?”

准顾客:“……”

结果:谈话一直继续,顾客对销售代表即将推出的产品充满了期待。

任何一个推销员在与客户面谈之前都应该做好充分的准备工作,精心设计向客户提出的问题是其中最重要的一环。尤其是在首次拜访时,为了使交易继续下去,推销员应仔细考虑一系列周密计划,通过问题来控制会谈的节奏,保持对话的顺畅进行。

在这个案例中,推销员不是使用常见的“说”来进行会谈,而是成功地使用了一系列具有逻辑性的问题引导了客户的思路,使客户主动而且愉快地参与到会谈中。

我们可以看到，他一开始并未介绍自己的产品，而是说：“我今天特意来拜访您，是因为我看到了《机械工业》杂志上有一篇关于您公司所在行业的报道”，这句话显然是推销员事先精心设计好的，目的在于化解客户对推销员的警惕心理，引起客户的好奇心。

果然，正如推销员所料，谈话顺着他设计的思路进行下去，从行业的发展谈到客户的目标、目前的问题等，随着话题的逐步打开，使客户逐渐放松对推销员的防范，转而进行深入的理性思考。

当然，提问不是万能的，尽管提问在销售过程中起着越来越重要的作用，但只有经过精心设计的正确的提问才能实现更多的销售。因此，推销员在设计问题时要注意：

提出的问题要能引起对方的注意，并能引导对方的思考方向。

提出的问题要能获得自己所需要的信息反馈。

提问要以顾客为中心，这样才容易受顾客欢迎，赢得顾客的信赖。

多提积极的问题

销售心理学一点通：作为推销高手，只有熟练掌握积极发问这种技能，才能获得良好的销售业绩。

吴涛是一名家用电器的推销员，一天有一对夫妇来到家电区打算看看电冰箱，吴涛以亲切的态度做了适当说明后，发现这对夫妇似乎有购买意向，于是她便抓住时机发动热情攻势。

“先生家里有几口人？”丈夫回答说有 5 口人。

吴涛又转过身来问太太：“太太是隔日买菜呢，还是每天都上市场买？”太太笑而未答，吴涛并未放弃，继续热情地为这位太太做了个“选择答案”。

“听说有人一星期买一次，有人 3 天买一次，他们认为 3 天买一次，菜色不会有变化。太太您喜欢哪一种买法呢？”

太太终于回答说：“我想 3 天买一次更好些。”

“家里常来客人吗？”

“有时候。”

“在冰箱里储存些食品，既可以保鲜，又可以应付突来的客人啊。”

这时丈夫蹲下来查看冰箱的下方放啤酒的地方，估算着可以放多少瓶啤酒。吴涛马上说：“先生，听说爱喝啤酒的人是这样的，一次买上一打。这样的天气，每天晚上下班回家享受一瓶冰镇啤酒，嘿，男人们的福气可真好哦！”

吴涛又问太太：“太太，您看这个可以容纳3天的鱼肉蔬菜吗？”

“可以，可以，刚刚好。”

“你看这个小点儿的够不够？”

“不行吧。”

“太太，您打算把冰箱放在什么地方？是客厅里还是厨房里？”

“厨房太小了，没有空间。”

“是啊！我也这么想。”

吴涛又继续为这对夫妇勾勒了一幅动人美景：“夏天的冰镇啤酒、西瓜、汽水、软包装饮料，解暑可口；就是冬天的冰淇淋也别有一番风味，更不要说随时取出青嫩的蔬菜和新鲜的鱼肉了。尤其是用上电冰箱可以节约买菜的时间，也可以省下不少的菜钱，还可以从容不迫地招待那些突然登门的客人，真是一举数得啊！”

紧接着，吴涛又问：“先生住在哪儿？离这儿远吗？”

“不太远，就在附近。”

“那么是马上送到府上，还是明天一早给您送去好呢？如果今天送去，明天就可以放进很多新鲜蔬菜和鱼肉啦！”

太太：“还是明天吧。我们要先空出地方来。”

就这样，吴涛成功地卖出了一台冰箱。

与客户交谈时，推销员应该多提一些内容积极、肯定的、让客户增强对产品信心的问题，以促使他下决心购买。这个案例中的推销员吴涛就是善用此法的高手。

开始时吴涛只是简单介绍了一下，发现对方有购买意图后，才进行下一步。

吴涛这时开始积极发问，善于提问也是一种技能，从家里的人口，到买菜的规律，看似随意却是事先精心设计好的。当吴涛留意到男客户查看放啤酒的地方，她马上借题发挥。在快要结束谈话时，推销员又为这对夫妇勾勒了一幅美景："夏天的冰镇啤酒……真是一举数得啊！"显然这段话已完全打动了客户的心。

最后推销员询问顾客的住址，其实她此时的问话并非真想了解这对夫妇离商场的距离，而是把推销引向了一个新的目标阶段—要把货送到客户家里。果然，她顺理成章地实现了成交。作为推销高手，只有熟练掌握积极发问这种技能，才能获得良好的销售业绩。

善于在提问中倾听

销售心理学一点通：在与客户进行沟通时，销售员需要提出很专业的、很得体的引导性问题，使自己获得更加详细的客户信息，最终锁定客户真正的需求，得到自己需要的结果。

好的医生在医疗之前一定会问病人许多问题。譬如，医生会问：您什么时候开始感到背部疼痛？那时您正在做什么？吃了什么东西？摸您这个地方会痛吗？躺下来会痛吗？爬楼梯的时候会痛吗，这些问话使病人觉得受到了医生的关心和重视，也使病人跟医生密切配合，让医生迅速找到病源而对症下药。能够扮演好角色，使客户愿意密切配合，进而迅速发觉客户真正的需要而适时地给予满足的，才是一位成功的销售人员。

询问在专业销售技巧上扮演着十分重要的角色，您不但能利用询问的技巧获取所需的情报、确认客户的需求，还能引导客户谈话的主题。询问是沟通时最重要的手段之一，它能促使客户在表达意见时产生参与感。

当然，提问也是有一定技巧的：

你可以用“谁、什么、哪里、什么时候、为什么、如何”等一些词开始你的问题。

使用确定性问题。如前所论，这些问题可以确认一般情况。另外，还可以用确定性问题促使迟疑的客户讲话。许多情况下他们要说几遍“是”或“不是”，这样他们也就放松下来了。

我们在与客户交流时，往往会发现客户没有说出他们的心里话，这就需要业务员进行分析判断之后才能明白客户真正的需求和抗拒，以及目的，这样我们才能为客户提出解决方案。因此，我们就要努力地听出客户话语真正的意义是什么。

要想真正理解通话对方的讲话含义，可以通过以下几种途径：

用你自己的话重新表述一下你理解的含义，让潜在客户检查正误。

当你不同意潜在客户的观点但又必须接受其决定时，你需要格外认真地听他讲话。通常这样做才会知道自己应该在何时表示质疑。

如果你发现被告知的某些事情会令你感到兴奋不已，这时，你要提醒自己是否由于自己在理解上出现问题。

如果你对潜在客户的某些讲话内容感到厌烦，这时你要尤其注意：一些很重要的事实可能会被错过，也许你只得到部分信息，因此你可能并不完全懂得对方究竟讲了什么。

即使是你以前已听过的信息，仍然要继续认真地听下去，“温故而知新”是不会错的。

总之，在与客户进行沟通时，我们需要提出很专业的、很得体的引导性问题，帮助客户解决遇到的问题，同时帮助自己获得更加详细的客户信息，最终锁定客户真正的需求，得到自己需要的结果。

巧妙提问探寻客户的真正需求

销售心理学一点通：在与客户的沟通中，我们要养成善于向客户提问的习惯，这样，我们便可以与客户形成互动交流，也使我们更清楚客户的真正需求是什么，最终达成双赢。

探寻客户的需求是所有销售阶段最重要的环节。只有真正明确客户的需求，才能做到有的放矢，成功销售。在电话沟通中，我们可以通过巧妙地提问来探寻客户的需求。

1. 提出问题的方式

按照提问的形式，问题可分为开放式问题和封闭式问题。

（1）开放式问题。

开放式问题是由什么、哪里、告诉、什么时候、怎样、为什么、谈谈等词来提问。例如：

您如何评价现在的电脑系统？

您对未来的电脑系统有什么构想？

您公司的发展方向是什么？

您为什么会对现有的系统不满意呢？

您准备用什么方法来解决呢？

您最喜欢 A 品牌的哪些方面呢？

开放式问题可减少问问题的个数，引导客户谈话。例如，“那您准备如何解决这个问题？”“您刚才谈到耐用性很重要，具体是指什么呢？”

（2）封闭式问题。

封闭式问题以“能否”“是否”“可否”“多少”“会不会”“哪里”“谁”和“哪一个”之类的词开头。所有封闭式问题都可以用“是”“否”或相对简单的陈述来回答。

既然通过开放式问题可以获得更多的信息，那么你可能在想：难道销售人员不会自然而然地问开放式问题吗？不幸的是，他们不会。尽管大多数销售人员知道“开放式问题”这一概念，但是很少有人能够灵活地运用它。

当你在询问问题的时候，你可以全盘控制谈话。你总能建设性而不失礼貌地把谈话引向主题。因此，有时你或许不得不问一些封闭式问题，例如，“你近来有没有听相关销售培训课程的计划”？

列出你在电话沟通时通常会问的问题，然后看看是不是值得把一些封闭式问题改成开放式问题。下面是专家们在销售面谈时常问的问题：

“批准购买的程度是什么样的？”

“贵公司提高产出的日程表是怎样的？”

“如果就您目前的情形设计一个理想的解决方案，那应该是什么样的？”

“请您告诉我，您的窗口小部件的制造程序？”

一旦你从对方那里收集了信息，接下来你要围绕发现的需求，评论和解释你的产品或服务。

2. 提问时应注意技巧

（1）反问。

这一点适合于当客户问到一个我们并不太清楚的问题时，例如，“你如何看待今年的计算机行业的发展？”如果我们知道，则可以很专业地与他交流，但如果我们不知道，就说：“真对不起，这一点我不知道。”这样的话，我们的专业形象将会受到影响。

所以，遇到这类情况，我们不妨反问对方：“陈经理，听您这样讲，我想您对这一方面肯定有很深的研究，您认为会是什么呢？”类似这样的情况，在电话沟通中很普遍。

再举个例子，当客户问：“它能达到什么效果？”如果这个效果并不能很清楚地在电话中向他讲明白，营销人员可问：“陈经理，我知道您对效果很关心，那您希望达到一个什么效果？”

（2）纵深提问。

利用客户提到的问题，往深处问，深挖他的需求和内心真正的想法。例如，客户说：“我喜欢国际管理咨询公司。”销售人员可以问：“我知道您喜欢国际管理咨询公司，它们确实不错，那您喜欢它们的什么地方呢？”“您喜欢它的什么方面呢？”这就是纵深问法。

（3）多问为什么。

这其实也是在找原因，不管如何问，我们都要找到客户产生某种需求的原因。在销售中，很重要的一点就是，我们不仅应知道客户的需求，更重要的是要知道客户为什么会有这样一个需求，这其实是推动客户采取行动的一个内在驱动力。一旦把握好了这个内在驱动力，将对我们进一步去引导客户以及在以后的竞争中保持竞争优势，都很有帮助。

“您今年的重点工作将会放在人力资源管理方面，它对您为什么很重要？”

“您现在想要与管理咨询公司合作以加强营销管理，这是一个极好的想法，为什么您现在有这个想法呢？”

“您提到销售额上升5%对您很重要，为什么呢？”

记住：多问为什么，同样会使我们获取竞争优势！

我们要养成问问题的习惯，在日常电话沟通过程中，我们可以把所有的陈述句变成问句。向客户提问题时需要注意以下几个要点：

把所有的陈述句转化为疑问句。

问问题要使用感性的语言。

问完问题稍作停顿。

在与客户的沟通中，我们要养成善于向客户提问的习惯，这样，我们便可以与客户形成互动交流，也使我们更清楚客户的真正需求是什么，最终达成双赢的结果。

不要问答案未知的问题

销售心理学一点通：在法律系学生的课程中，教授会告诉他们："当你盘问证人席的嫌犯时，不要问事先不知道答案的问题。"相同的训诫也可以用在销售上。

电话销售人员："莱迪先生，这个电话是您太太告诉我的。听她说，你们近来有买一辆中档车的打算，但最后的决定权在您手上。"

客户："是的，有这个想法，只不过还没确定买什么样的车。"

电话销售人员："听您太太说，你们有六个孩子，而且年龄都不大。"

客户："是的。"

电话销售人员："那么遥控锁是不是最适合您家？"

客户："是的。"

电话销售人员："我打赌您也喜欢四门车。"

客户："是的。"

电话销售人员："难道您不同意带遥控锁的四门车是你们最佳的选择？"

客户："哦，是的，我们只会买带遥控锁的四门车。"

电话销售人员："太好了，我们有几款这样的车可供您选择。您看什么时间看车方便？"

客户："这周末吧。"

电话销售人员："好的，到时我会给您打电话，再见，莱迪先生。"

在法律系学生的课程中，教授会告诉他们："当你盘问证人席的嫌犯时，不要问事先不知道答案的问题。"相同的训诫也可以用在销售上。辩护律师如果不事先知道答案就盘问证人，会为他自己惹来很多麻烦，同样的情形也会发生在销售人员身上。

绝对不要问只有"是"与"否"两个答案的问题，除非你十分肯定答案是"是"。

例如，我们不会问客户："你想买双门轿车吗？"而我们会说："你想要双门还是四门轿车？"

如果你用后面这种二选一的问题，你的客户就无法拒绝你。相反地，如果你用前面的问法，客户很可能会对你说：

“不。”下面有几个二选一的问题：

“你比较喜欢三月一号还是三月八号交货？”

“发票要寄给你还是你的秘书？”

“你要用信用卡还是现金付账？”

“你要红色还是蓝色的汽车？”

“你要用货运还是空运的？”

可以看出，在上述问题中，无论客户选择哪个答案，业务员都可以顺利做成一笔生意。

要养成经常这样说话的习惯：“难道你不同意……”例如：“难道你不同意这是一部漂亮的车子，客户先生？”“难道你不同意这块地可以看到壮观的海景，客户先生？”“难道你不同意你试穿的这件貂皮大衣非常暖和，客户女士？”“难道你不同意这价钱表示它有特优的价值，先生？”因为，这些问题你已很有把握客户会做出肯定的回答。当客户赞同你的意见时，也会衍生出肯定的回应。

迂回提问消除对方的戒备之心

销售心理学一点通：在谈判中，恰到好处地使用“投石问路”的方法，你就会为自己一方争取到更大的利益。

谈判开始时，虽然双方人员表面彬彬有礼，内心却对对方存有戒备心理，如果这个时候直接步入主题，进行实质性谈话，就会提高对手的警觉心理，不利于下面策略的实施。

谈判开始的话题最好是松弛的、非业务性的，要善于运用环顾左右、迂回入题的策略，给对方足够的心理准备时间，为谈判成功奠定一个良好的基础。

环顾左右、迂回入题的做法很多，下面为大家介绍几种常用且有效的入题方法。

1. 从题外话入题

谈判开始之前，你可以谈谈关于气候的话题。“今天的天气不错。”“今年的气候很怪，都三四月了，天气还这么冷。”也可以谈旅游、娱乐活动、衣食住行等，总之，题外话内容丰富，可以信手拈来，不费力气。你可以根据谈判时间和地点，以及双方谈判人员的具体情况，脱口而出，亲切自然，刻意修饰反而会给人一种不自然的感觉。

2. 从“自谦”入题

如对方为客，来到己方所在地谈判，应该向客人谦虚地表示各方面照顾不周，没有尽好地主之谊，请谅解等；也可以向主人介绍一下自己的经历，说明自己缺乏谈判经验，希望各位多多指教，希望通过这次交流建立友谊等。简单的几句话可以让对方有亲切的感觉，心理戒备也会很快消除。

3. 从介绍己方人员情况入题

在谈判前，简要介绍一下己方人员的经历、学历、年龄和成果等，让对方有个大概的了解，既可以缓解紧张气氛，又不露锋芒地显示己方的实力，使对方不敢轻举妄动，暗中给对方施加心理压力。

4. 从介绍己方的基本情况入题

谈判开始前，先简略介绍一下己方的生产、经营、财务等基本情况，提供给对方一些必要的资料，以显示己方雄厚的实力和良好的信誉，坚定对方与你合作的信念。

5. 投石问路巧试探

投石问路是谈判中一种常用的策略是指谈判过程中巧妙地试探对方，它在谈判中常常借助提问的方式，来摸索、了解对方的意图以及某些实际情况。

如当你希望对方得出结论时，可以这样提问：

“您想订多少货？”

“您对这种样式感到满意吗？”

总之，每一个提问都是一颗探路的石子。你可以通过了解产品质量、购买数量、付款方式、交货时间等来了解对方的虚实。

想要在谈判中尽快降低对方的警觉性，谈判之前就要做好充分的准备。你最好先了解和判断对方的权限及背景，然后把各种条件及自己准备切入的重点问题等简短地写在纸上，在谈判时随时参考，提醒自己。

直击推销语言艺术

销售心理学一点通：对话的本质并非在于你一句我一句地轮流说话，而在于相互之间的呼应。

推销过程中有几个环节很关键，做好这些关键环节以后，你也能做得很好，轻松掌握推销语言，你的魅力就不再遥远。在推销过程中的谈话，有些属于较为正式的，其言语本身就是信息；也有些属于非正式的，言语本身未必有什么真正的含义，这种交谈只不过是一种礼节上或感情上的互通而已。

例如，我们日常生活见面时的问候以及在一些社交、聚会中相互引荐时的寒暄之类。当你与客户相遇时，会很自然地问候道，“你好啊！”“近来工作忙吗，身体怎样？”“吃过饭了吗？”此时对方也会相应地回答和应酬几句。这些话常常没有特定的意思，只是表明，我看见了你，我们是相识的，我们是有联系的，仅此而已。

寒暄本身不正面表达特定的意思，但它却是在任何推销场合和人际交往中不可缺少的。在推销活动中，寒暄能使不相识的人相互认识，使不熟悉的人相互熟悉，使单调的气氛活跃起来，你与客户初次会见，开始会感到不自然，无话可说，这时彼此都会找到一些似乎无关紧要的“闲话”聊起来。闲话不闲，通过几句寒暄，交往气氛一经形成，彼此就可以正式敞开交谈了。所以寒暄既是希望交往的表示，也是推销的开场白。

寒暄的内容似乎没有特定限制，别人也不会当真对待，但不能不与推销的环境和对象的特点互相协调。我们在推销开始时的寒暄与问候，应适合不同的情况，使人听来不觉突兀和难以接受，更不能使人觉得你言不由衷，虚情假意。

除了问候和寒暄之外，还要注重推销中的对话。

作为推销场合的谈话，既不同于一个人单独时的自说自话，也不同于当众演讲，而是推销双方构成的听与讲相配合的对话。对话的本质并非在于你一句他一句地轮流说话，而在于相互之间的呼应。

瑞士著名心理学家皮亚杰把儿童的交谈方式分为两种，当一个儿童进行社交性交谈时，这个孩子是在对听者讲话，他很注意自己所说的观点，试图影响对方或者说实际上是同对方交换看法，这就是一种对话的方式。但作为儿童的自我中心式的谈话时，孩子并不想知道是对谁讲话，也不想知道是不

是有人在听他讲。他或者是对他自己讲话，或者是为了同刚好在那里的任何人发生联系而感到高兴。七岁以下的儿童就常沉溺于这种自说自话，且看两位四岁的儿童是怎样交谈的：

汤姆：今晚我们吃什么？

约翰：圣诞节快到了。

汤姆：吃烧饼和咖啡就不错了。

约翰：我得马上到商店买电子玩具。

汤姆：我真喜欢吃巧克力。

约翰：我要买些糖果和一双皮鞋。

这与其说是两人在对话，倒不如说是被打断了的双人独白。在推销双方的交谈中，有时也会出现这种现象。有的人习惯于喋喋不休急于要把自己心中所想的事情倾吐出来，而不顾及对方在想什么和说什么，以至于对方只能等他停下来喘口气时才有机会插进几句话。

真正的推销对话，应该是相互应答的过程，自己的每一句话应当是对方上一句话的继续。对客户的每句话做出反应，并能在自己的说话中适当引用和重复。这样，彼此间就会取得真正的沟通。

在推销过程中，要挑选客户最感兴趣的主题，假如你要说有关改进推销效率的问题或要把某项计划介绍给某公司董事会，那你就要强调它所带来的实际利益；你要对某项任务的执行者进行劝说，就要着重讲怎样才能使他们的工作更为便利。

精彩的开场白

销售心理学一点通：开场白的好与坏，在很大程度上决定了一次推销的成功与否。因此，推销员在拜访客户之前一定要想好自己的开场白，给客户留下好的印象，为成交打好基础。

张宇是戴尔公司的销售代表，他得知某省税务局将于今年年中采购一些服务器，林副局长是这个项目的负责人，他正直敬业，与人打交道总是很严肃。张宇为了避免两人第一次见面出现僵局，一直在思考一个好的开场白。直到他走进了税务局宽敞明亮的大堂，才突然有了灵感。

“林局长，您好，我是戴尔公司的小张。”

“你好。”

“林局长，我这是第一次进税务局，进入大堂的时候感觉到很自豪。”

“很自豪？为什么？”

“因为我每个月都缴几千元的个人所得税，这几年加在一起有几十万了吧。虽然我算不上大款，但是缴的所得税也不少。今天我一进税务局的大门，就有了不同的感觉。”

“噢，这么多。你们收入一定很高，你一般每个月缴多少？”

“根据销售业绩而定，有的销售代表做得好的时候，可以拿到两万元，这样他就要交五六千元的个人所得税。”

“如果每个人都像你们这样缴税，我们的税收任务早就完成了。”

“对呀。而且国家用这些钱去搞教育、基础建设或者国防建设，对我国早日成为经济强国大有益处。”

“不错。但是个人所得税是归地税局管，我们国税局不管个人所得税。”

“哦，我对税务不了解。我这次来的目的是想了解一下税务信息系统的状况，而且我知道您正在负责一个国税服务器采购的项目，我尤其想了解一下这方面的情况。戴尔公司是全球主要的个人电脑供应商之一，我们的经营模式能够为客户带来全新的体验，我们希望能成为贵局的长期合作伙伴。首先，我能否先了解一下您的需求？”

“好吧。”

在与客户面谈时，不应只是简单地向客户介绍产品，而是首先要与客户建立良好的关系。因此，一个好的开场白，对每个推销员来说无疑是推销成功的敲门砖。

案例中，作为戴尔公司的销售代表，张宇要拿下某个国税局的服务器采购项目，他知道开场白的重要性，因此在与客户见面之前就进行了思考。当他看到国税局气派的大堂时，就有了灵感，在见到主管这个项目的林副局长后，他开口便说：“我这是第一次进税务局，进入大堂的时候感觉到很自豪。”

这句话使双方的距离一下子就拉近了，陌生感也消除了很多。客户在好奇心理的作用下，询问张宇自豪的原因，这样张宇就从税务局大堂过渡到个人所得税，最后非常自然地切入主题—国税服务器采购的项目。由于客户已经对张宇建立了一定的好感，所以使双方下面的谈话进行得很顺利。

由此可见，开场白的好与坏，在很大程度上决定了一次推销的成功与否。因此，推销员在拜访客户之前一定要想好自己的开场白，给客户留下好的印象，为成交打好基础。

把话说到点子上

销售心理学一点通：推销员要想取得很好的销售业绩，就必须加强自己的口才训练。

电子产品柜台前，一位电子产品推销员正在向顾客推销游戏软盘。

推销员："看您这年纪，您孩子快上中学了吧？"

顾客（愣了一下）："对呀。"

推销员："中学是最需要开发智力的时候，您看，这些游戏软盘对您孩子的智力提高一定有很大的帮助。"

顾客："我们不需要什么游戏软盘。孩子都快上中学了，哪敢让他玩游戏呢？"

推销员："这个游戏卡是专门针对中学生设计的益智游戏，它

把游戏与数学、英语结合在一块儿，绝不是一般的游戏盘。”

（顾客似乎有听下去的意思。）

推销员连忙说：“现在是知识爆炸的时代，不再像我们以前那样只是从书本上学知识了。您不要以为玩游戏会影响学习，以为这个游戏盘是害孩子的，游戏盘设计得好也可以成为孩子学习的重要工具。”

接着，推销员又取出一张磁卡递给顾客，说：“这就是新式的游戏卡。来，我给您展示一下。”

（渐渐地，顾客被吸引住了。）

推销员趁热打铁：“现在的孩子真幸福，一生下来就处在一个开放的环境中。家长们为了孩子的全面发展，往往投入了很大的精力。刚才有好几位像您这样的家长都买了这种游戏卡，家长们都很高兴能有这样既能激发孩子学习兴趣，又使家长不再为孩子玩游戏而着急的产品，还希望以后有更多的系列产品呢！”

（顾客动心了，开始询问价钱。）

最后，顾客心满意足地购买了几张游戏软盘。

出色的口才是营销能力的体现，它不仅要求口齿伶俐、思维敏捷，还要求善于安排说话顺序，把话说到点子上。对于推销员来说，良好的口才是说服顾客的利器，是把握主动权的保证。这个案例中，推销员就是凭借自己出色的口才实现交易的。

推销员说："看您这年纪，您孩子快上中学了吧？"这是一种典型的感性提问，是推销员根据经验得出的结论。当得到顾客肯定的回答后，推销员马上把自己的游戏软盘与中学生的智力开发问题联系起来，并且把游戏软盘定位成帮助孩子学习的重要工具。我们知道，家长是非常重视孩子学习和智力开发的，推销员这样说就说到点子上了，说到了顾客的心里。果然，顾客被打动了，交易做成了。

在这个案例中，推销员巧妙地运用了口才艺术，一步一步、循循善诱，吸引了顾客的注意力，激发了顾客的购买欲望。可见，推销员要取得很好的销售业绩，就必须加强自己的口才训练。

使用最专业的用语

销售心理学一点通：销售员在沟通中所使用的词语能够体现销售人员的专业程度，关系到销售人员能否获得客户的信任，因此要使用最专业的词语。

推销员说出的话应让顾客感到你的品质和服务都是一流的和专业的。如"您""您会满意的""您可以放心"这类的言语，会使顾客认为受到了尊重，自己是交谈的主体和中心，有利于成交。

推销员说话要给顾客以鼓励和信心。如：

"您能够了解。"

“您可以试用一下。”

“您简直成了这台机器的专家了。”

“您这么快就掌握了它的要点，比我当初用的时间要少一半呢。”

“看起来，您还不那么熟悉，但是当您了解它之后，您一定会高兴地看到这台机器是十分容易操作的。”

这样，使用积极的语言诱导，起到意想不到的暗示效果，能够坚定顾客的自信心。

推销员说话要让顾客感到买得放心。如：

“放心吧！”

“这样十分安全。”

“可以获得好处。”

“这样做是对的，正确的。”

“值得接受。”

“这是事实。”

“我可以保证。”

这样，可以让顾客放心，顾客必然受你坚定语气的感染，放心购买商品。

推销员说话要用提问的方式正面引导顾客。如：

“您是不是要找什么人商量呢？还是自己单独决定？”

这种提问，表面上看是要让顾客选择，事实上是要激发顾客的自尊，以便得到肯定的回答：“我自己可以决定。”

有了这句话，这笔生意就做成了。

用垫子法解答挑衅性追问

销售心理学一点通：面对客户的挑衅性提问，销售人员要学会技巧性应对，从而避免争执和对抗，为行销创造出有利局面。

销售人员："这款笔记本的速度还是相当快的，何况我们的售后服务也很周到，毕竟是著名品牌嘛！"

顾客："前两天新闻说，你们准备削减保修网点了，而且，对许多属于产品质量的问题还回避，甚至服务热线都拨不通，一直占线，是怎么回事？"

销售人员："那是有一些顾客故意找碴儿，属于自己失误操作导致的笔记本无故死机，完全是不正当操作导致的，不属于保修范围，当然就不能保修了。"

顾客："只要顾客有争议，你们都说有理，再说了，计算机这个事情，谁说得准，怎么能相信你们呢？"

无论销售人员怎么解释，潜在顾客就是不让步，咄咄逼人。

案例中销售人员的回答方法是不可取的，当顾客提出"听说你们的售后服务不好"这样的问题时，销售人员不要做出以下回答：

"不会啊，我们的售后服务可好啦！"（直接的否定会让顾客对你及你的品牌更加不信任）

"您放心，我们的产品绝对保证质量！"（答非所问，难以让

顾客信服）

“您听谁说的，那不是真的。”（质问顾客、极力否认只会适得其反）

这个时候，销售人员正确的回答方法应该是有效使用“垫子”。案例中的销售人员应采用如下回答方式：“您真是行家，这么了解我们的品牌，而且，对于采购笔记本特别在行，问的问题都这么尖锐和准确。”此时要停顿片刻，让潜在顾客回味一下。然后，接着说：“许多顾客都非常关心产品质量保修问题，当产品发生问题时，顾客首先要得到尊重和保障，我们要求国家工商部门批准的质量部门鉴定产品质量问题的责任归属，一旦最后鉴定的结果是该我们负责，那么我们就承担所有的责任。在产品送去鉴定的过程中，为了确保顾客有电脑使用，我们还提供一个临时的笔记本供顾客使用，您看这个做法您满意吗？”

销售的过程是相互交流的过程，顾客在销售对话时也会问问题。有时他们的问题似乎是反驳性的，但实际上这只是顾客对自己思路的澄清。面对顾客对销售人员的某个问题提出反驳，销售人员不应对顾客的反驳予以辩解，而要反思自己交流环节是否出了问题，并且对问题环节加以调整。

以售后服务问题为例，由于家电的使用寿命一般都在10年或10年以上，所以顾客在选购家电时会比较关注厂家提供的售后服务，特别是对于体积较大、移动不方便、内部零件较为复杂的大件电器，顾客会非常在意厂家能否提供快速、便利的维修服务。

面对顾客提出关于产品售后服务的问题，销售人员首先不要正面反驳顾客，而要通过提问来了解顾客对我方的售后服务是否有不愉快的经历，然后以事实为依据，列举厂家在售后服务方面做出的努力。但要注意，销售人员在消除分歧的同时，不要做过度的承诺，避免给厂家造成不必要的纠纷。

场景一：

销售人员："先生，请问您是不是有亲戚朋友买过我们品牌的产品？"

顾客："对呀，我有个同事三年前买过你们的产品，但出现问题后找不到维修的地方，后来只能邮寄回厂家维修，真是太麻烦了！"

销售人员："先生，很抱歉给您的同事带来了不便！（真诚向顾客道歉）我们前几年的服务网点确实不够健全，给我们的用户造成了不便。针对这种情况，我们公司做出了很大的努力和投入，您可以看一下我们现在的服务网点数量（拿出产品说明书后的网点介绍部分）。为了保证我们品牌售后服务的质量，我们在地级城市都设置了技术服务中心，并签约大量的特约维修点，以保证我们的用户能够享受到更加便捷的上门服务。对于我们这款产品，您还可以享受到终身免费清洗和免费上门维修的贴心服务，保证您买得放心，用得安心！今天就定下来吧？"

场景二：

销售人员："大姐，您这是从哪里听来的？"

顾客:“我邻居说的，她家用的就是你们品牌的洗衣机，年前出现了故障，打电话报修后的第三天，你们的售后服务人员才上门。这不是不重视顾客吗？”

销售人员:“大姐，我明白了！这确实给您的邻居带来了不便！不过，这是因为这些售后维修人员都是我们自己的员工，他们都是受过专业训练的，维修技术和服务态度绝对都是优秀的，只是数量上不是很多，应付平常的维修没有问题，但年前购买洗衣机的顾客特别多，安装的工作量特别大，所以他们上门维修的时间才有所拖延，还望您及您的邻居能够理解！”

顾客:“难道别的品牌的维修人员不是厂家的人吗？”

销售人员:“对呀，现在很多品牌都把售后服务以协议的形式外包到各个地方的家电维修点，由于厂家与特约维修点之间并不是上下级关系，而是一种互利的合作关系，所以消费者得到的售后服务质量无法得到保证。我们公司正是为了保证售后服务的质量，才自建维修队伍的。这也是我们对消费者负责任的表现。对吧？所以，您就放心买我们的产品吧，售后服务方面绝对让您无后顾之忧！”

当顾客问一些挑衅性问题时，销售人员不能正面反驳顾客的挑衅，而应采取柔性引导方式，从侧面提供解决方案。此外，还应提供本品牌售后服务好的证据：

维修网点数量多、分布广。

服务态度好。

维修技术过硬。

提供的维修服务迅速。

赞美客户要有分寸

销售心理学一点通：身为推销员，反应能力一定要快，当客户出现反感时要立即打住，避免墨守成规而形成僵化的局面。

好话人人爱听，但过分矫饰的赞美却让人浑身不自在。

一个推销员看准女人都希望自己年轻这一点，凡见到女性即称呼“小姐”。一次遇到一位年逾六旬、雍容华贵的老太太，直觉告诉他这是一个好客户，于是十分热心地招待，并在寒暄中知道这位太太姓李，频频称呼她为“李小姐”。孰料老太太觉得不妥，希望他改一下称呼，然而推销员仍然坚持要以“李小姐”来称呼，并且用十分谄媚的语气说：“外表不年轻并不重要，只要内心保持年轻就好了。”后来老太太虽然不再表示意见，但心中不悦的情绪早已产生，拒绝与排斥的念头也开始在心中发酵。

我们经常说“礼多人不怪”。所以推销员对顾客总是礼遇有加，并且经常会以近乎拍马屁的态度去奉承每一个客户，将人与人之间的沟通技巧建立在取悦对方的逢迎拍马上面，这种做法其实是一种过度包装。

推销的技巧中虽然会用到一些称赞的语言，但若是运用不当，就会出现相反的效果。也就是说，在赞美对方时，首先要考虑到一个事实，那就是客户可以接受哪些称赞的话，倘若适得其反，不如不用。身为推销员，反应能力一定要快，当客户出现反感时要立即打住，避免墨守成规而形成僵化的推销局面。否则推销能力不但不会提高，而且还会给人一种令人作呕的虚伪形象。销售员应该以更实际的做法来取得客户的认同，并且随时顺应社会的变迁，掌握最新的资料，调整新的推销策略，这样，才能跟得上时代。

赞美客户有助于推销员和客户形成良好的关系，进而达成交易并保持良好的关系。赞美对于推销员来说是相当重要的，它是一件好事，但绝不是一件易事。赞美客户如果没有掌握良好的赞美技巧，即使推销员出于真诚，也会将好事变成坏事。在赞美客户时，以下技巧是可以运用的：

一是因人而异。客户的领悟力有高低之分，年龄有长幼之别，因此要因人而异，突出个性，有所指的赞美比泛泛而谈的赞美更能收到好的效果。年长的客户总希望人们能够回忆起其当年雄风，与其交谈时，推销员可以将其自豪的过去作为话题，以此来博得客户的好感。对于年轻的客户不妨适当地赞扬他的开创精神和拼搏精神，并拿伟人的青年时代和他比较，证明其确实能够有所建树。对于商人，可以赞扬其生意兴隆，财源滚滚。对于知识分子可以赞扬其淡泊名利，知识渊博，等等。当然所有的赞扬都应该以事实为依据，千万不要虚夸。

二是详细具体。在和客户的交往中，发现客户有显著成绩的时候并不多见，因此推销员要善于发现客户哪怕是最微小的长处，并不失时机地予以赞美，让客户感觉到推销员的真挚、亲切和可信。

三是情真意切。说话的根本在于真诚。虽然每一个人都喜欢听赞美的话，但是如果推销员的赞美并不是基于事实或者发自内心，就很难让客户相信推销员，甚至客户会认为推销员在讽刺他。

四是合乎时宜。赞美客户要相机行事。一开始就赞美能拉近和客户的距离，到交易达成后再赞美客户就有些晚了。如果客户刚刚受到挫折，推销员的赞美往往能够起到激励其斗志的作用。但是如果客户取得了一些成就，已经被赞美声包围并对赞美产生抵制情绪时，再加以赞美就容易被人认为有溜须拍马的嫌疑。

五是雪中送炭。在生活中，人们往往把赞美给予那些功成名就的胜利者。然而这种胜利者毕竟是极少数，很多人在平时处处受到打击，很难听到一句赞扬的话，此时你的赞美就好比是雪中送炭。

推销员适时地对客户进行赞美，往往能够让客户把推销员当作知心朋友来对待。在这种环境中，最容易达成交易。当然对于推销员来说，不要心存愧疚，只要推销员的赞美是出于真心诚意，这种方法就是可行的。

赞美不一定都要表现在言语上，通过目光、手势或者微笑都可以表达对客户的赞美之情。

切勿片面地评价竞争对手

销售心理学一点通：诋毁对手只能引起反感，当客户问及竞争对手时，最好的方式就是客观评价对手。

“您认为A公司（竞争对手）怎么样？”这是所有销售人员都会遇到的客户询问。有的销售人员为此向专家请教这类问题：“有一次在针对一位客户的销售项目中，我们占有很大的优势，无论在产品、服务还是价格方面。可最后客户却选择了我们的竞争对手，你说是什么原因？”

专家给他分析说：“如果单纯从这个问题来看，原因可能很多，比如，客户喜欢竞争对手的销售人员、迫于某种压力等。”后来这名销售人员说：“我们的销售人员后来问客户是什么原因，客户说，在当时客户希望销售人员对他们的竞争对手进行评价的时候，该销售人员对竞争对手进行了攻击，这产生了负面影响。”

这就是客户没有选择他们的一个主要原因。

类似的情况A公司就曾遇到过一次，A公司的一位客户经理在给客户打电话时，客户说：“××公司说你们是一个××样的公司（采用负面的诋毁语言），我当时就说，A 公司是什么样的企业，我自己心里清楚，你凭什么这样讲？”

后来客户和 A 公司谈到这一点，问 A 公司有何看法，这位客户经理说：“作为一个专业的销售人员和专业的企业，应当大度，应该客观评价竞争对手，如果 ×× 公司的销售人员这样讲我们公司，我感觉也没有什么，这只能说明这家公司不会有太长远的发展。客户心里是最清楚的，我们该怎么做就怎么做，相信我们的实力。”

最后的结果是什么？客户对 ×× 公司的销售人员自然没有什么好的印象，而最后当然是 A 公司顺利得到了价值几百万元的合同。

当客户问到你对竞争对手的看法时，销售人员应该表现出应有的大度，客观评价竞争对手。而不能诋毁对手公司甚至是诬蔑对手。

如果客户问：“你认为 A 公司怎么样？”

你可以回答说：“A 公司也不错，而且 A 公司的产品最大的优势就是集中在 L 产品上。如果您对 L 产品有很高要求的话，使用 A 公司的产品也是不错的选择。”

如果客户说：“我也需要 A 公司的 L 产品。”

你可以这样回答说：“就您刚才所谈的，L 产品只是您所有要求中很小的一部分，对您最重要的还是 B 方面，而 B 和 L 我们做得都不错，尤其是 B，所以，B 真的很适合您，您说是不是？”

当客户听到销售人员的这种客观评价，他会感到非常高兴，进而对销售人员产生信任，生意自然也就很容易做成了。

第七章

方法总比困难多

——满足客户需求

利用你的满意客户群

销售心理学一点通：因为人们的天性似乎对于来自企业的说法抱有怀疑，认为那是虚假的宣传，但对于其他已使用过该产品或服务的客户来讲，他们的说法更具说服力。

销售人员获得新客户的办法有很多，其中最有效的可能就是利用满意客户的推荐来争取新客户了。从策划之精心、对个人之尊重来看，加拿大“日产”的努力可称得上是达到了这一方法的“艺术境界”，但是，这些还不是他们最成功的销售手法。有一个做法使日产公司在个别顾客身上得到了更多生意，那就是请最满意的顾客群来进行推荐。

假设你一年内刚买了一辆日产新车，而汽车公司告诉你诚实地将意见提供给想买车的消费者作参考，就可以获赠雨伞或旅行袋之类的小礼物，另加一张值 200 美元的购车折价券，你觉得如何？参加方式是将你的日夜联络电话留给 15 至 20 位附近地区有意购买日产汽车的人，而且不一定要这些人都打电话来找你，你才能获得优惠。

日产汽车（以及其他寄发问卷给新车主的汽车公司）已经有足够的资料找出最满意的顾客，反正满意的顾客终究会向朋友推荐产品，那么何不运用这些资料使推荐活动更积极呢？

这个技巧也可以用于其他选购性的商品和服务，但重点是要像日产汽车一样清楚：谁才是忠实顾客。小企业一样可以利用口碑相传的力量，比如说，对于正考虑是否送小孩去参加“夏令营”的家长，主办单位可列出附近地区去年参加过该“夏令营”的学生家长的姓名和电话给他们。

人们似乎对于来自企业的说法抱有怀疑，认为那是虚假的宣传，但对于其他已使用过该产品或服务的客户的说法更信服。

正因为如此，我们才有必要在开发客户时，多多利用对我们抱有好感的客户群，让他们做我们产品服务的免费广告员。

利用赞助赢得客户信赖

销售心理学一点通：抓住时机举办赞助活动可以收到其他开发方式所代替不了的效果。

现代营销思想中，有一项重要的开发新渠道的方式已经越来越引起人们的广泛关注了，那就是利用赞助树立企业形象，然后打通渠道。抓住时机举办赞助活动可以收到其他开发渠道所代替不了的效果。

俗话说：“赞助别人，也是赞助自己。”许多企业把产品促销与赞助活动结合起来，获得了名利双收的效果。广告界人士为这种策略取了个平凡的名字，称之为“赞助活动行销”。

赞助活动不仅是企业向社会献爱心的体现，也是其社会性公共关系的一部分，它是不可能直接为企业获取经济效益的，但却在默默地争取开发那些潜在的客户。现代企业不但要赢利，还需要承担一定的社会责任和社会义务，以表明企业是社会的一部分，也要为社会贡献一分力量。同时，通过承担一定的社会责任和义务，可以得到其他组织或个人、社区及政府的支持和理解，从而为企业自身的发展提供可靠的保障。

美国运通公司可以说是“赞助活动行销”的鼻祖。该公司自20世纪80年代以来，所推出的赞助活动已多达60项以上。其中特别值得称道的是，公司的行销主管威尔奇在1983年提出的新点子：运通卡持有人每持卡消费一次，运通公司便保证捐出1美分作为筹措重新修饰自由女神的经费。最后累计结果，修饰自由女神像由此得到的捐款为170万美元。凭借这个赞助活动，运通公司不仅提高了知名度，而且还发展了不少新客户。

虽然说企业搞赞助是为了扩大知名度，这是它最基本的目的，但人们还是希望企业要奉献社会，因此为了照顾好人们的这种期待心理，企业搞赞助时就要处理好奉献与扬名的关系。

赞助分不同的种类，以下几种是比较常见的：

1. 赞助体育运动

如：富士胶卷因赞助1986年的世界杯足球赛，从而销量大幅上升，跃居世界第二位。

2. 赞助文化活动

如赞助影视剧。美国一家经营肥皂的公司，由于它经常出资赞助拍摄爱情与家庭生活的电视剧，而使这类电视剧被美国观众称为“肥皂剧”，该公司因此声名远播。

3. 赞助社会慈善和福利事业

像很多企业集资赞助希望工程和残疾人福利事业，都属于这类赞助。

4. 赞助探险

如：赞助南极考察队生活用品就属于这类赞助。

5. 赞助各种竞赛活动和展览会

例如可口可乐公司，专门赞助各种青年人的活动，以此来争取青年人对公司的喜爱。

赞助其实就是现代的一种公关思想，抓住时机举办赞助活动可以收到其他开发方式所代替不了的效果。

善借第三者的影响力

销售心理学一点通：通过借用第三者的影响力抓住机会，从而获得成功。

在很多时候，为了说服客户，如果只靠我们个人的力量会十分困难，但是如果巧借第三者的言语或威信，那事情就会变得很好办了。

有一推销员为了推销吸尘器，他知道某公司的经理与某局长

是老相识，便打听到经理的住处，提一袋水果前去拜访，非常巧妙地说了几句这样的话：“这次能找到您家，是得到了王局长的介绍，他还请我代他向您问好。”

“说实在的，第一次见您就使我十分高兴……听王局长说，您的公司还没有吸尘器……”

第二天，他再向该公司推销吸尘器便成功了。这位推销员的高明之处是有意撇开自己，借他人之力的迂回攻击，令对方很快就接受了。

在这里，该推销员通过借用第三者影响力抓住机会，从而获得成功。

一天，一位办理房地产转让的房产公司推销员来到一位朋友家，带着朋友的介绍信。彼此一番寒暄客套之后，就听他讲开了：

“此次幸会，是因为我的上司赵科长极为敬佩您，叮嘱我若拜访阁下时，务必请先生您在这本书上签名……”边说边从公文包里取出这位朋友最近出版的新著。于是这位朋友不由自主地信任起他来。

此种情况，由不得人家不照他的话去做。这种办事的手段，确实令人难以招架。

与客户打交道，通过第三者的言谈来传达自己的心情和愿望，在办事过程中是常有的事。人们会不自觉地发挥这一技巧，比如：“我听同事老张说，您是个热心人，求您办这件事肯定错不了。”等等。但要当心，这种话不能太离谱，一定要事先做些调查。

为了事先了解对方，可向他人打听有关对方的情况。第三者提供的情况是很重要的。但是，对于第三者提供的情况，也不能尽信，还要根据需要有所取舍，结合自己的临场观察、切身体验灵活应用。

活动促销吸引顾客的注意力

销售心理学一点通：活动促销是一种常用的促销手段。通过举办与产品销售有关的活动，吸引顾客注意与参与，能够有效地促进产品的销售。

20 世纪 70 年代，美国经济不景气，人们的收入水平普遍有所下降，各家庭已经不再像从前那样经常频繁地购买和更换汽车了。几乎所有的汽车公司的汽车销售量都有所下降，福特汽车公司的领导人意识到，如果不设法开创新的局面，公司的前景将会非常黯淡。

福特汽车公司在经过一番仔细的市场调研之后，发现最有可能购买福特汽车的客户，是那些已经拥有了福特汽车的家庭，因为他们了解并信任福特汽车的品质和性能，这些老客户在接受调查时都纷纷表示如果有可能，愿意再买一辆新的福特汽车。于是，福特汽车公司决定将这次促销的目标顾客定位在过去 4 年中所有已经购买了福特汽车的老客户。

为了吸引这些老客户，福特汽车公司在全国各大主要媒体进行了铺天盖地的广告宣传，向他们发出了福特汽车促销的信息；同时，为增加对老客户的吸引力，福特公司还专门设置了 80 万个奖项，希望老客户光顾福特汽车的各家专卖店，借此来制造福特汽车热销的浪潮。具体安排促销内容如下：

向老客户直接邮寄函件，里面附有当地经销商的汽车维修折价券。

在向老客户直接邮寄函件的同时，寄出数以万计的抽奖券，并在抽奖券上说明此次奖品共计 1000 万美元，欢迎大家踊跃参加。

在广告宣传中说明头等奖赠送两辆福特汽车，此外还有许多其他的奖品。如果所中的奖品没有被领走，可以继续抽奖，直到被领走为止。

福特汽车公司开展这次抽奖促销活动的目的，一方面是为了增加福特汽车的销售量，另一方面也可以促进福特汽车的维修业务，掌握用户对福特汽车的意见，加强同汽车专卖店的联系，使这些专卖店积极配合福特汽车公司的促销活动。

抽奖促销活动举行之后，福特汽车公司的上述各项目标基本实现，有的甚至超出了意料之外。例如，有超过30万的新老顾客前往福特汽车公司的各家专卖店参观展览，大约有10%的人购买了新的福特汽车，使福特汽车的销售量比上年增加了30%；同时，经销商的参与率也比上一年增加了1倍多，从而大大提高了福特汽车公司的知名度，加深了福特汽车在消费者心目中的印象。

福特公司采用的是活动促销中的“抽奖促销”，通过抽奖的方式，吸引顾客注意与参与。抽奖与促销是指顾客在购买商品或消费时，对其给予若干次奖励机会的促销方式。可以说，抽奖与摸奖，是消费加运气并获得利益的活动。这种促销活动的其他形式还很多，例如刮卡兑奖、摇号兑奖、拉环兑奖、包装内藏奖等。

除了抽奖促销外，活动促销还包括新闻发布会、商品展示会、娱乐与游戏、制造事件等。

1. 新闻发布会

活动举办者以召开新闻发布的方式来达到促销目的。这种方式十分普遍。它是利用媒体向目标顾客发布消息，告知商品信息以吸引顾客积极去消费。

2. 商品展示会

通过举办展销会、订货会或自己召开产品演示会等方式来达到促销目的。这种方式每年可以定期举行，其不但可以实现促销目的，还可以沟通网络，宣传产品。这种方式亦可以称之为“会议促销”。

3. 娱乐与游戏

通过举办娱乐活动或游戏，以趣味性和娱乐性吸引顾客并达到促销的目的。娱乐游戏促销，需要组织者精心设计，不能使活动脱离促销主题。

4. 制造事件

即通过制造有传播价值的事件，使事件社会化、新闻化、热点化，并以新闻炒作来达到促销目的。“事件促销”可以引起公众的注意，并由此调动目标顾客对事件中关系到的产品或服务的兴趣，最终达到刺激顾客去购买或消费。如果制造出的事件能够引起社会的广泛关注，那么，“事件促销”就会取得圆满的结果。

善于运用暗示法成交

销售心理学一点通：销售员不仅可以通过语言来销售，也可通过动作引导和暗示对方，从而获得成功。

当巧舌如簧的销售员遇到故意刁难的客户时该怎么办呢？这个时候要想绕开正面尴尬的情景，不妨用一句巧妙的语言或者恰到好处的一个动作从侧面暗示购买自己产品的必要性。

在空调刚兴起的时候，其售价相当昂贵，因此乏人问津。要是出去销售空调，那更是难上加难。销售员艾克森欲销售一套可供20层办公大楼用的中央空调设备，他经过很多努力，与某公司周旋了数月，仍然没有结果。一天，该公司董事会通知艾克森，要他到董事会上向全体董事介绍这套空调系统的详细情况，最终由董事会决定是否购买。在此之前，艾克森已向他们介绍过多次。这天，他强打精神，把以前不知讲过多少次的话题又重复了一遍。但在场的董事长反应十分冷淡，提出了一连串问题刁难他，使他难以应付。面对这种情景，艾克森口干舌燥，心急如焚，脑门上冒出点点汗珠，眼看着几个月来的辛苦和努力将要付诸东流，他逐渐变得焦虑起来。

艾克森正要去擦脑门的汗，突然看到各位董事脑门上也有细密的汗珠，不禁心生一计。在随后的董事们提问的阶段，他没有直接回答董事的问题，而是很自然地换了一个话题，说：“今天

天气很热，请允许我脱掉外衣，好吗？”说着掏出手帕，认真地擦着脑门上的汗珠，这个动作马上引起了在场的全体董事的条件反射，他们顿时觉得闷热难熬，一个接一个地脱下外衣，不停地用手帕擦脸，有的抱怨说：“怎么搞的？天气这么热，这房子还不安上空调，闷死人啦！”这时，艾克森心里暗暗高兴，因为，购买空调并不是销售员强加给董事长的负担，而是全体董事的内在需求。就这样，这笔大生意终于成交了。

巴甫洛夫认为：“暗示是人类最简化、最典型的条件反射。”暗示是指在无对抗条件下，用含蓄、抽象诱导的方法对人民的心理和行为产生影响，从而使人们按照一定的方式去行动或接受一定的意见，使其思想、行为与暗示者期望的相符合的一种心理现象。

从案例中可以看出，艾克森巧妙地避开了那时难以应付的场景，而出其不意地选择了在客户无对抗条件下——一个脱上衣的动作而成功地引起全体董事的条件反射。此时一个简单的脱上衣的小动作却胜过了他所要说的千言万语。其实重要的不是动作本身，而是通过这个动作传递给各位董事的心理暗示。因此销售员不仅可以通过语言来销售，也可通过动作引导和暗示对方，从而获得成功。

销售人员除了善于利用暗示诱导客户以外，还要能从对方的暗示中捕捉信息。如果得到恰当的运用，暗示是非常微妙的。能够非常熟练地使用暗示的销售员，能够影响客户的心理，且不会让对方感到自己正在被施加影响。要让客户觉得是他自己想买东西，而不是你向他推销东西。

销售人员不仅可以通过肢体动作暗示，其实语言是最有效最直接的方式。暗示的语言有很多，如“如果您觉得可以，我先包起来”“最近金价涨得很快，这是个趋势，今天是个好机会，过两天再买就会贵了很多了”“这是流行的款式，我真的觉得非常适合您”“如果您不放心，我们公司可以……这么多年一直是这个样子，您应该相信自己”，等等。

在销售过程中，你也许常常会碰到客户的这些表现，这些暗示说明客户已有购买意愿，此时销售人员应加大推销力度，抓住时机，乘胜追击。

（1）谈过正式交易话题后，对方的态度忽然改变，对你有明显亲热的表示。

（2）客户忽然间请销售员喝茶或拿食物来招待。

（3）客户的视线忽然间开始移至商品目录，或样品，销售员的脸上，表情认真严肃。

（4）客户的表情有些紧张。

（5）对方有些出神、发呆。

（6）客户忽然间热烈地回应销售员。

（7）客户的身体微往前倾。

（8）客户的声音忽然变大或变小。

（9）客户忽然间说“糟了”“怎么办”等一类话。

（10）客户视线置于面前某地方，默默不语陷入沉思（此时他正盘算着产品的利益及价格）。

（11）客户开始询问朋友或同仁诸如“你认为怎么样？”

（12）客户开始批评或否定自己。

总而言之，人内心的真实感觉往往会在言行举止等方面表现出某些征兆或流露出某些迹象。一个优秀的销售员应该从客户的外在表情、动作言谈等方面判断出是否是销售的最佳时机并加以把握、利用。

互补产品要放一起卖

销售心理学一点通：消费者在购买产品 A 的时候，不会想起 A 的互补产品 B，而将二者一起卖，就会在无形中增加成交的机会。

在大学周围的饭店、商场等场所，我们经常能见到各种兼职的大学生。有一位女大学生经历的一件事情让她一直谨记在心，兼职所在的店铺老板也为那件事情奖励给她 500 元。这位女大学生在北京某大学南门的一家店铺打工，平日勤勤恳恳，换取一些打工钱以作生活之用。有一次由于粗心大意，在填写酸奶订货单时，她在订货数量上多写了一个零，使原本每天清晨只需 3 瓶酸奶的订货计划变成了 30 瓶，订货送达后卖了一天，还剩下 20 多瓶酸奶，由于普通包装新鲜酸奶保质期只有三天，女大学生一直愁眉未展，因为按照公司规定，剩下的 20 多瓶酸奶应该由那位女大学生自己承担损失。

女大学生着急了，为了减少损失，她就想方设法将这些酸奶卖出去，但是这个小店专门前来买酸奶的客户一直很少。冥思苦想一番后，她就尝试着把装酸奶的冷饮柜转移到盒饭销售柜旁边，并制作了一个彩色的 POP 广告牌，上面写着“饭时饮酸奶有助于身体健康，保持一天好心情”，没办法，死马当作活马医，现在只能这样了。

令她喜出望外的是，在第二天早晨，20 多瓶酸奶不仅销售一空，而且还断货了，其实谁也没有想到这个小女孩迫不得已想出的点子竟然带来了新的销售增长点。从此，店铺就将酸奶的冷藏柜和饭盒销售柜摆在了一起。而且店铺老板非常高兴，特地奖励了这个女大学生 500 元。

刚开始的时候，这个店铺的所有产品都是规规矩矩地按照空间摆放，所以有销售潜力的商品优势都没有发挥出来，也不能达到利用有限库房空间的目的。作为老板，你必须明白，摆放商品的一个原则是：方便顾客进行关联购买，提醒顾客能顺便买到和主要购买产品互补的关联产品，比如，面包与各种酱包、咖啡与糖等。

了解顾客群体的真正需求，切实掌握商品定位原则，再站在消费者的角度上制定商品组合策略，才能达到减少库存量和货物运转流畅的目的，这样才能创造更多的利润。

运用发散思维促销量

销售心理学一点通：在销售中，我们应该充分运用发散思维法，从不同的方面对问题进行分析，准备出多种解决方案，以利于彻底解决问题。

番茄酱是日本人最爱吃的一种调料，因此在日本销量非常大，竞争十分激烈。在众多的经营者中，可果美与森永两家是最重要的竞争者，但长期以来，可果美的销量是森永的两倍。

两家质量一样好，甚至森永在广告方面比可果美做得还要好。为什么销量方面却输给人家呢？森永的老板百思不得其解。

后来，森永的老板发动公司员工分析原因并出谋划策。

经过众人努力，一个多月以后，公司收到数百份建议书，其中有一个推销员提出：将番茄酱的包装瓶的口改大，让大的汤匙可以伸进去掏。

奇招，真是奇招！老板立即采纳并投入生产。

结果非常成功，使销量急剧增加，不到半年时间，森永公司的销量超过了可果美，一年后，它占有了日本大部分市场。

为何情况会一下子改变呢？

原来，森永公司的番茄酱与其他公司一样，使用装啤酒和酱油一样的玻璃瓶包装，由于瓶口太小，消费者使用时得用力摇晃后将瓶子倒过来，番茄酱才慢慢流出来。这样虽可节省消耗，但消费量就不会多了。

所以，森永公司把瓶口改大后，解决了原来的缺点，喜欢吃番茄酱的日本人，不知不觉中多消费了番茄酱，并发现它方便使用，故此大家都纷纷购买森永的番茄酱。

发散性思维又叫辐射思维、求异思维、开放思维等，它是指围绕一个中心问题，多方面进行思考和联想以探求问题答案的思维方式。“多”是发散性思维的最大特点：多角度、多层次、多思路……然后从中选择最好的方法，求得最佳的答案。发散性思维能够打破原有的思维格局，为创造者提供一种全新的思考方式。

就像这个案例中销售番茄酱的森永公司，虽然产品质量和广告宣传都比竞争对手要好，但销量却总是输给对方，森永的老板在自己百思不得其解的情况下，发动公司员工积极思考，献计献策，最后在数百份建议书中找到了最佳方案：将番茄酱的包装瓶的口改大，让大的汤匙可以伸进去掏，结果令公司产品销量大增，这就是发散性思维的力量。

因此，在销售中，我们应该充分运用发散思维法，从不同的方面对问题进行分析，准备出多种解决方案，以利于将问题彻底解决。如果只是匆忙地想出一个主意就急于拍板定案，则很难做到真正高质量、高水平的最佳方案。

客户强硬时不妨以退为进

销售心理学一点通：几乎每个人都有争强好胜的心理，都想比别人强一点儿，都想有胜利感、成就感。当你尝试促成又被拒绝之后，不妨先转移当时的话题，以退为进。

对于销售人员来说，顾客是他们的衣食父母，推销过程中，绝不能与顾客争执，只能与顾客进行有效的谈判。为了避免与顾客争执或者是流失顾客，有时进行合理的“退让”对于销售来说是很重要的。当客户快要被说服了，但还有些动摇，这时不妨用一下“以退为进”的方法。使用这种方法时要注意以下几点：

采用让步的方式，使客户做决定。

让步时要从大到小，一步一步地让。

让步的同时改变附加条件。

表示你每让一步都非常艰难。

具体可参考如下做法：

“如果我提前一天，10 号就给您送货，您今天可以下订单吗？”

“如果我能够以老价格卖给您新产品，您是不是打算订 2 万元的产品，而不是 1 万元？”

“如果贵公司连续做五期培训的话，价格方面我们可以给到九折。而如果是做一期的话，价格就是我们所提供的报价，您看是做一期，还是做五期呢？”

“如果交货期能推迟一周，我们可以优惠 300 元。”

“如果我再退，就只有粉身碎骨了。”

以退为进，但这并不意味着你就要一味地退让，而是在退让的时候一定要把握一个度，如果退让太多，顾客就会觉得你不诚实，或者是你的价格有很大的水分。所以要把握好这个“度”，你可以这样说：

“如果我提前一天，星期一就给您送货，您今天可以订货吗？”

“如果我以同样的价格卖给您产品，我们是不是可以成交？”

“由于我们的存货非常有限，我确实不知道这是否可能，不过我会努力为您争取。如果我给您找一个那种样子的，价格依旧，您是否愿意接受？”

“如果我能以老价格卖给您新产品，您是不是可以买 4 个，

而不是2个？”

“如果我允许您3个月内交齐货款，您是不是可以买豪华型的，而不是标准型的？”

几乎每个人都有争强好胜的心理，都想比别人强一点儿，都想有胜利感、成就感。这并不完全表示想占别人的便宜，而是内心的一种深切的渴求。当你尝试促成又被拒绝之后，与其直接反驳顾客的问题，不如先转移当时的话题让顾客认为你不会再继续说服他购买，等到气氛稍有改变之后，你再继续尝试促成。这样反而会收到意想不到的效果。

要敢于主动提出成交要求

销售心理学一点通：在客户说他对商品很满意时，就说明他很想购买产品，此时销售人员不要等到客户先开口，而应该主动提出成交要求。

有位推销员多次前往一家公司推销。一天该公司采购部经理拿出一份早已签好字的合同，推销员愣住了，问客户为何在过了这么长时间以后才决定购买，客户的回答竟是：“今天是你第一次要求我们订货。”

成交是销售的关键环节，即使客户主动购买，而推销员不主动提出成交要求，买卖也难以成交。因此，如何掌握成交的主动权，积极促成交易，是推销员必须面临的一个重要问题。

“你也看到了，从各方面来看，我们的产品都比你原来使用的产品好得多。再说，你也试用过了，试用后你感觉如何呢？”推销员鲁恩试图让他的客户提出购买。

“你的产品确实不错，但我还是要考虑一下。”客户说。

“那么你再考虑一下吧。”鲁恩没精打采地说道。

当他走出这位客户的门口后，恰巧遇到了他的同事贝斯。

“不要进去了，我对他不抱什么希望了。”

“怎么能这样，我们不应该说没希望了。”

“那么你去试试好了。”

贝斯满怀信心地进去了，没有几分钟时间，他就拿着签好的合同出来了。面对惊异的鲁恩，贝斯说：“其实，他已经跟你说了他对你的产品很满意，你只要能掌握主动权，让他按照我们的思路行动就行了。”

在客户说他对商品很满意时，就说明他很想购买产品，此时鲁恩如果能再进一步，掌握成交主动权，主动提出成交请求，就能积极促成交易。面对这样的客户，销售人员不要等到客户先开口，而应该主动提出成交要求。

要想顺利成交，销售人员要做到以下几点：

首先，业务员要主动提出成交请求。许多业务员失败的原因仅仅是因为没有开口请求客户订货。据调查，有71%的推销员未能适时地提出成交要求，因此而失去了订单。

美国施乐公司前董事长彼得·麦克说："推销员失败的主要原因是不要求签单，不向客户提出成交要求，就好像瞄准了目标却没有扣动扳机一样。"

一些推销员害怕提出成交要求后遭到客户的拒绝。这种因担心失败而不敢提出成交要求的心理，使其一开始就失败了。如果推销员不能学会接受"不"这个答案，那么他们将无所作为。

推销员在推销商谈过程中若出现以下三种情况时，可以直接向客户提出成交请求：

1. 商谈中客户未提出异议

如果商谈中客户只是询问了产品的各种性能和服务方法，推销员都一一回答后，对方也表示满意，但却没有明确表示是否购买，这时推销员就可以认为客户心理上已认可了产品，应适时主动地向客户提出成交。比如："李厂长，你看若没有什么问题，我们就签合同吧。"

2. 客户的担心被消除之后

商谈过程中，客户对商品表现出很大的兴趣，只是还有所顾虑，当通过解释解除其顾虑，取得其认同时，就可以迅速提出成交请求。如："王经理，现在我们的问题都解决了，你打算订多少货？"

3. 客户已有意购买，只是拖延时间，不愿先开口

首先，为了增强客户的购买信心，可以巧妙地利用请求成交法适当施加压力，达到交易的目的。如"先生，这批货物美价廉，库存已不多，趁早买吧，包你会满意"。

其次，向客户提出成交要求一定要充满自信。美国十大推销高手之一谢飞洛说："自信具有传染性，业务员有信心，会使客户自己也觉得有信心。客户有了信心，自然能迅速做出购买决策。如果业务员没有信心，就会使客户产生疑虑，犹豫不决。"

最后，要坚持多次向客户提出成交要求。美国一位超级推销员根据自己的经验指出，一次成交成功率为10%左右，他总是期待着通过两次、三次、四次、五次的努力来达成交易。据调查，推销员每获得一份订单平均需要向客户提出46次成交要求。成交没有捷径，推销员首先要主动出击，引导成交的意向，不要寄希望于客户主动提出成交。